紹興大典

史部

康熙 紹興府志

8

中華書局

紹興府志卷之四十六

人物志九

鄉賢之三 列傳後

王華字德輝餘姚人成化辛丑進士第一人歷官以
翰林終南京吏部尚書弘治中內侍李廣有寵華爲
日講官嘗講大學衍義至唐李輔國結張后表裏用
事論說朗朗無少避忌左右皆縮頸吐舌上樂聞之
不厭講已遣中官賜尚食正德初逆瑾專政上大夫
爭走其門華時爲禮部侍郎獨不往華子守仁論瑾

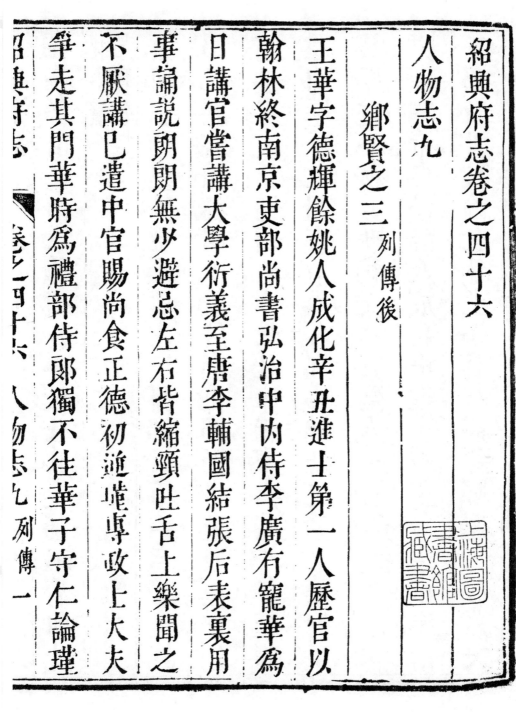

瑾益怒出之南京尋傳旨令致仕其大節不渝如此祀鄉賢見實錄

黄珣字廷璽餘姚人成化辛卯鄉試第一辛丑廷試第二歷官翰林國子監終南吏部尚書時逆瑾方任情進退大臣遂傳旨令致仕卒于家嘉靖十年禮部題珣歷事三朝有清謹名宜賜謚乃追謚文僖珣平易厚重不務畛畦爲文如其爲人云祀鄉賢見實錄

陳雍字希冉餘姚人成化中進士授工部主事歷南工部尚書被論乞休上憐其枉詔給驛還仍賜歲夫

月米家居十餘年年九十所司以例請詔賜羊酒存
問雍厚重簡默敭歷中外四十年卒以恩禮終蓋遭
遇不偶云祀鄉賢見實錄
陳鎬字宗之其先會稽人占籍南京欽天監成化丙
午舉應天鄉試第一登進士授禮部主事歷山東提
學副使湖廣右布政使進右副都御史巡撫湖廣明
年以病乞歸命未下而卒鎬明敏有吏幹董學時較
閱精當得士心巡撫時平漢沔之盜民賴以安鎬與
弟欽同科進士而皆有才名欽亦爲廣東提學副使

見實錄

呂獻字丕文新昌人成化中進士歷刑科都給事中弘治初寵豎李廣受富兒金將尚公主獻發其事竟罷之又因災異陳八事如策大臣抑親貴皆人所不敢言者壽寧侯張鶴齡兄弟依藉宮掖熏灼一時獻又反覆極論之上怒杖闕下繫詔獄尋直其言釋之歷順天府丞時逆瑾用事朝臣遷轉大半以賂乃十年不調丁內艱服闋歷進南兵部侍郎會有言者遂乞歸獻長于詩文善草書所著有甲軒稿使交稿 祀

張以弘字裕夫山陰人性寬簡凝厚成化中以進士起家拜吏科給事中凡所建白識大體出爲江西叅議尋致政歸居鄉恂恂無賢愚皆謂長者子景琦孫元冲曾孫一坤四世繼登進士景琦初官主事忤豈璫謫倅大名終桂林知府清約自甘饔飧每至不給元冲以給諫歷副都御史巡撫江西爲人簡厚有祖父風　以弘景琦祀鄉賢

俞振才字仲才新昌人弟振英字仲英成化中相繼

登進士振才初授行人拜御史凡朝政闕失必抗章論列不避權要巡按貴州四川風裁愈厲宋學士景濂洪武時謫蜀卒于夔州尚在淺土振才爲改甃成都遷湖廣按察副使先是臬司有淫祠惑人胥吏以下莫敢近振才至立命撤之羣疑遂解兩按藩王獄能執法不撓家居務清約孝親睦族急人患難不以存亡二心好讀書吟咏所著有皇華內外臺集湖南湖湘詩文稿新齋集若干卷　振英初知安東一日得淮流浮尸衣夾揚州市繒目振英曰是必有寃遂

遣數人分入羣盜中市繒默察其色記相符者貴買之一人得數縑歸與目無二索其舟果得餘縑并所掠少女衣物女言亡官眷屬被害已十口矣獲盜二十餘衆皆伏辜人稱神明移官歸淮再補豐城貴溪所至刑清訟簡民德其惠歷陝西兵備僉事以邊事有功擢尚寶司卿逆瑾擅權文武大吏多出其門振英至京或謂曰曾謁劉司禮乎書刺必謙抑振英再三詰故乃以刺示振英振英不答出曰吾老矣不能俛首奄竪遂棄官歸天下高之家居儉薄鄉人無異

議焉並祀鄉賢

陸淵之字克深上虞人成化中進士授禮部主事尚書陳文卒謚莊敏不協輿論乃引司馬光論夏竦事劾之時多其直久之出知敘州府歲大侵發粟數萬斛以賑郡多淫祠悉毀之以祀前代之賢者諭民當孝享其先不宜惑邪靡費暇則進諸生講明理道興起者甚衆寬徭省訟四境大治卽白羅鑾衆亦帖然向化敘人至今俎豆之後叅政河南進右布政使卒于官同寅檢其篋笥僅餘俸金貳觔淵之篤行好學

詩文有古意書善行草居喪不出戶限家無宿儲或干以非義堅拒不納部使者移檄爲建坊亦固辭之其狷介如此祀鄉賢

司馬亞字通伯山陰人父軫由學官歷國子助教學術宦業皆有聲亞幼敏睿博極文典性通朗懿亮成化中以御史視學南畿校文日閱千卷評品次第如衡鑑不爽南人士至今稱之擢福建副使尋致仕歸歸即杜門謝事闢園亭以自娛嘗榜其門曰獨呼明月長陪醉不負青天早放閒其襟懷曠達如此尤工

詞翰所著有蘭亭集見通志

劉忠器字世用新昌人成化初進士出知永安改崇仁擢南臺御史終太平守爲人淸苦自勵不可干以私郡有豪宦專恃守令陰短以行其私忠器待以禮稍有請託輒拒之其人卒亦不能螫也居鄉出入徒步自登科至貴顯匹馬隻夫不以煩有司或以爲舊例當得忠器曰吾無一毫及鄉里敢勞費之邪居常惟以一園蔬非自給卒于官槖無餘金子孫窮乏不能自振然忠器名益彰云

董豫字德和其先宋修撰應申從龍游新昌徙居會稽遂世爲會稽人父敬以五經課子爲董氏文祖豫與弟復成化乙未戊戌相繼登進士初授刑部主事以言事忤當路謫壽州同知遷知茶陵州益廉勁峥峥無所阿避其大者治嚚訟釐敝政改刱學宫擇師傳教其子弟時少保張治年弱冠尚未知書其父爲州胥豫見而奇之令就衙署中學且曰是子他日不在吾姪玘之下時文簡已及第爲翰林矣其後果如豫言歷官福建僉事會稽董氏譜爲其手定云

董復字德初會稽人成化乙未進士初授黟縣令爲民寛徭賦捍水患卹孤乏抑兼并奏最徵拜御史黟民祠祀永久勿替孝宗登極首疏斥貴倖數十人直聲大振然以是爲用事者所擢出知雲南府其治一如黟時民咸德之復性坦直無他腸居官務盡職無顧避是以所至輒奮晩歸衣無紈綺屋數楹僅蔽風雨足跡罕入城市家居孝友日惟課諸子讀書故其子玘能振其業特恩存問累封翰林院學士卮庠于黟人謂治黟之德懋云　祀鄉賢

董玘字文玉會稽人生而穎異隨任雲南六歲時于
黔國座間有題核桃畫龍畫松詩弘治辛酉鄉薦第
二人乙丑會試第一人廷對第二人授翰林編修以
忤閹瑾出爲成安令及遷乂若以刑曹瑾誅還舊職
其後轉徙在春坊詹事中至吏部左侍郎攝尚書篆
嘉靖壬午主順天鄉試拔華鑰爲第一人錄徐階于
廢卷中丙戌主會試拔林時春爲第一人改正兩朝
實錄爲文莊雅得西漢作者之體居鄉嚴重寡交卽
大吏造廬罕覿其面建中峯書院于東山兩眺之間

四方從游講學者羣奉爲中峯先生建宅于郡城蕺山之麓卒後世宗思之特贈禮部尚書謚文簡特祠諭葬大善隆祐山著有中峯文集唐順之選大易傳稿與歸震川並行繫辭圖解藏于家 祀鄉賢

董思近字約山以父玘日講勤勞廕補宗人府經歷適同邑沈束下獄思近抗疏救之幾不測華亭徐階爲玘所得士慨然曰吾師止一子何忍坐視其效力爲營解得出知雲南尋甸府平定苗難有辟土功卒于官撫臣上其事應得世襲錦衣爲嚴嵩所抑不果

楊愼贈詩云使君高誼薄塵寰邀我尋春慰旅顏不是蟠胸多磊落那知絕域有江山玉杯家學曾親炙瓊樹風流許重攀畫戟清香延坐久村孤城遠漏聲閒子祖慶字久所萬里扶柩歸葬食餼當貢讓之老友人皆義之以子貴贈刑部員外孫懋史見列傳後懋策見儒林傳懋中癸丑進士歷官尚寶卿疏叅經畧袁崇煥有直聲祖慶祀鄉賢

胡文静字畲山山陰人正德戊辰進士授南陵令革弊除奸考最調吳縣令一如治南陵時擢御史奏撤

天下鎮守中官差覘光祿疏通匱乏袪積弊數事巡按福建同王文成經理八閩兵事共政績見于明紀寶訓實錄及陽明集中又福建有真人廟京師每歲遣送袍笏公私交困文靜先期具疏請以從便賚附爲地方省費無算至于訪古名賢獨加意表揚嘗梓忠定遺稿表監門故里海寇王宏瑀流毒浙閩廣三省特以計擒渠魁餘黨悉平歷官光祿卿

章恍字景恂會稽人成化間進士初令臨城累遷曲靖守所至有惠政恍天性孝友其自述有曰敢謂身

從顏氏樂直將心比伯夷清所著有臨城集克齋稿

恍父
珙有孝行鄉人稱之

祝瀚字惟容山陰人成化中進士歷刑部郎中風采才望爲時所推擢南昌知府南昌郡當會省號繁劇難治瀚廉明有威聽决無滯時逆濠勢漸熾戕民黷貨瀚屢裁抑之郡人賴以稍安王府有鶴帶牌者縱于道民家犬噬之濠牒府欲抵罪傾奪其貲瀚批牒曰鶴雖帶牌犬不識字禽獸相爭何預人事濠卒不能逞竟以中傷謝事歸

祁司員字宗規山陰人父福以貢歷重慶教授持已教人皆有法司員登成化進士初令唐山拜御史歷知徽池二郡司員爲御史按治所及務以法懲奸貪其在廣西條上邊策十數事切中肯綮其治一縣兩大郡不以法而以恩爲民定禮制息囂訟節冗緩征愛之如子卒于池民爲罷市立祠祀焉司員性孝友親喪廬墓三年居官不苟取田廬無所增拓所著有先憂集仕優稿及奏議若干卷

周山字靜之嵊人成化庚子舉人孝養祖母扶侍不

離學訓林元立死無子不能歸櫬爲送還其鄉初知德州丁父憂改保德州設社學勸農桑賑災恤患以疾卒于官民哭之如喪厥考共祠祀之所著有太極圖解安齋集祀鄉賢

陶諧字世和會稽人弘治中以鄉試第一人登進士用選入中秘已而改給事中武宗時諸奸擅政事多内降諧駁奏抗疏無所避逆瑾專恣尤甚權侔人主諧奏斥之瑾怒日伺諧無所得乃羅他事矯詔杖諧與劉大夏潘藩同戍肅州瑾誅放還嘉靖改元詔采

耆舊乃復起歷官兵部侍郎總督兩廣會蠻變諸盡
心撫勦兩廣以平尋入本兵乞歸卒于家贈兵部尚
書謚莊敏諸四世祖曰仕成者當正統間以富民供
大璫阮某其後阮倉卒被命入意不測密召成以私
積六千金托之成持歸投井中居數年阮竟死成出
井中金走白守吳某守曰金無知者爾物也盍取諸
成固謝會饑悉散以賑鄉人以是稱陶長者後數十
年卒有莊敏而陶氏簪纓相繼人以爲皆成所種云
祀鄉賢

何詔字廷綸山陰人弘治丙辰成進士初任工曹忤
逆瑾下詔獄得自出守永州廉介自矢九年不調世
宗在藩邸深知之及嗣統一歲九遷自藩臬撫滇定
晉擢工部尚書適留都有陵殿之役汰浮冗戢侵漁
節省幾二十萬緡悉存公帑秩滿告歸服官四十年
所至有遺愛立朝挺挺有古大臣風子鰲繼登進士
任刑部尚書有諫武宗南巡䟽見通紀又世宗初議
禮忤旨廷杖父子並贈太子少保祀鄉賢
葛浩字天宏上虞人弘治中進士初令五河五年拜

南臺御史論劉瑾下獄黜爲民瑾誅復起爲邵武守六年進叅政歷大理卿浩耿介廉靖所至郡縣咸有去後思叅政廣東時平新寧之寇不妄殺一人在大理能持法以信廷中稱平家居杜門讀書内行修謹足爲鄉範年九十二卒贈刑部右侍郎子木字仁甫正德中進士歷刑部出知淮安淮號衝疲難治木惟鎮以簡靜而加意撫字節冗弛禁富者不苦於役貧者得負鹽以自活又毀淫祠爲書院進諸生日月課之淮民及士戴之如慈母焉遷山東副使山西叅政

卒于官喪還過淮老幼相携哭奠皆盡哀木爲人孝
友清約能世其家嘗夜渡錢塘風濤忽作木安坐賦
詩云心與神明合風濤夜不驚可以見其平生矣並
祀鄉賢

胡東皐字汝登餘姚人弘治乙丑與湛文簡若水同
舉進士慨然以道義相砥礪初授行人歷南刑部郎
中先後讞大獄數十靡不稱平已而出守寧國夙夜
孜孜察民所疾苦而亟拯之在任六年遷四川副使
已又改茂威兵備平西番耿句之亂進按察使尋進

都御史巡撫寧夏奏築花馬池賀蘭山邊墻三百餘里西北至今賴之聞弟喪乞歸再起撫治鄖陽未幾召還内臺以抗直忤執政會太廟災上疏自劾去東皐歷仕與處苟利於人必身任之守官餘三十年田不滿頃孫文恪陞嘗語人曰吾姚仕宦而清貧如寒畯者三人胡中丞東皐宋中丞冕胡太僕鐸時號爲姚江三廉云祀鄉賢

宋冕字孔瞻餘姚人弘治中進士初官刑部以執法忤逆瑾矯旨謫知金谿瑾誅復召爲禮部主事歷陞

外藩終撫治鄖陽都御史晃沉毅有識外和而中介所至賑災理冤屢平巨寇居官三十年被服如寒士鄉許甫之孫岳舉進士官至按察使　祀鄉賢

胡鐸字時振餘姚人弘治中進士選吉士改給事中忤逆瑾出爲河東運副僴然不桀瑾敗累遷福建督學副使其教士一以理學爲先而尤邃于易所著易說至與蔡虛齋氏並稱歷太僕寺卿而卒平生坦易無城府然自守甚介不可干以私身歿未幾子孫至不能舉火姚人稱爲眞道學云　祀鄉賢

張景明字廷光山陰人弘治中進士以經術選充興府長史事獻帝於藩邸忠愼不渝嘗敷陳六事獻帝悅命揭諸宮門世宗入嗣大統以輔導功召赴京將大用之會病卒贈太子太保禮部尚書文淵閣大學士謚恭僖錄其子元藩元恕弟景暘亦以進士爲御史當武宗駕留宣大首率諸御史疏請回鑾忤旨廷杖又劾江彬許泰冐封伯爵非制人多其直後出知潮州府尋罷歸景明祀鄉賢

徐守誠字成之餘姚人少刻苦自樹潛心理學弘治

中登進士授南兵部主事嚴於稽覈戎伍以清尋執父喪廬於墓有馴虎甘露之異鄉人名其山曰慈山服除補刑部日與四方名士相討論學益進嘗陳時政十餘事多見采納出爲湖廣僉事理寃糾墨不避權勢遷山東參議以疾歸踰年而卒守誠孝友廉介非其義一介不取歷官二十年室廬僅蔽風雨有慈山雜著數十條爲學者所誦　祀鄉賢

吳蕣字子華山陰人弘治中進士選庶吉士拜吏科給事中剛直敢言毎彈劾大臣及諸貴倖不法事無

所顧避中外憚之嘗以事劾天官卿天官卿竟中傷之免官歸環堵蕭然杜門不出 祀鄉賢

陶懌字習之會稽人幼穎悟日記數千言弘治初登進士授刑部主事讞獄公恕然不爲勢撓戚里有殺人者同列並寬之懌竟正其罪累遷福建僉事逆瑾邀賂懌嘆曰不義富貴於我浮雲遂以廣東參議致政歸所著有克齋稿 祀鄉賢

費愚字希明山陰人弘治中進士初爲廷評執法無所撓時有邊將數人坐失機當刑璫權貴將釋之愚

廷奏其罪不當宥悉置諸法後出知成都廉靖不擾
而務以法繩奸頑竟忤當路謫戍尋放還平生甘清
苦甔石不儲妻子或凍餓不以爲意成都有門人官
於浙知其貧甚固請過省中宴款累日乃微以交關
事諷之愚正色曰爾乃視我爲何如人即日拂衣歸
遂與絶交郡守延爲鄉大賓讀法請敎愚曰公刑太
苛歛太急守爲面赤其介直類如此子思義精於醫
亦端慤有父風而卒無嗣　祀鄉賢
牧相字時庸餘姚人少受業於王尚書華華器異之

妻以女弟令與文成公同學弘治己未遂與文成同舉進士授南兵科給事中時逆瑾擅權流毒朝野相偕給事中戴銑疏其不法數十事忤旨械繫赴京廷杖九十絕而復甦下錦衣獄時文成爲刑部主事上疏申救弁得罪繫獄三月相褫職爲民文成謫龍場相歸而孝養其母課子授徒閭民間有利病事則走白有司行罷之非是杜門不出也瑾誅詔復其官尋遷廣西參議除書至而相已卒二日矣年四十有六祀鄉賢

魏有本字伯深餘姚人起家寒素登正德辛巳進士官御史首劾武定侯郭勛貪恣宜奪其兵柄都督馬永大將材可代勛世宗怒調外任吏部尚書廖紀疏留有本且言馬永有勇畧名重邊方御史言是會臺省亦交章留之詔復御史尋按蘇松四郡有風裁累遷僉都御史撫河南值歲大侵屢疏籲賑民賴以安最後以右都御史總漕運引疾歸有本爲人惆儻寡言笑至談當世務亹亹多切中卒贈南工尚書祀鄉賢

車純字秉文上虞人正德中進士授工部主事嘉靖

初議大禮忤旨廷杖久之擢山西叅議累遷福建布
政使操持愈厲閩中有車布不車金之謡進右副都
御史巡撫湖廣務以安靜節省爲政民甚德之已而
三疏乞歸瀕行士民遮道留輿不得前純歷官四紀
清介如一日歸田二十年布衣蔬食不異寒士未嘗
以一刺謁公府客至岸幘延欵劇談天下事亹亹不
厭爲一時表儀云卒年八十有九祀鄉賢
陳克宅字即卿餘姚人正德甲戌進士初爲嘉定令
吳中賦重豪右率詭灑爲奸克宅履畝清丈宿弊頓

華治行爲吳中第一召拜御史首劾巨閹劉允取佛烏思藏挾邪蠱亂罪當斬又劾武定侯郭勛大不敬直聲震中外歷按貴州河南風猷益著計資當内轉冢宰持私憾出爲四川兵備副使馭番爲梗勦兵盡殲之諸番自是無敢犯者歷湖廣左布政使時楚中洊罹水旱重以大工採辦諸役繁興克宅蚤作夜思劑量裁節民賴以甦尋遷副都御史撫貴州團賊阿向負險逆命久不能克克宅至乘雪夜令死士攀崖上以索梯度軍一鼓克之捷聞加俸賜金綺改應天

巡撫方去任餘孽復叛言者以罪克宅遂罷歸歸四年而卒已而事白詔復職賜祭塟錄其子克宅敭歷四方多偉績乃其發軔在嘉定嘉定人至今頌之祀鄉賢

汪應軫字子宿山陰人登進士選庶吉士當武宗南巡同舒芬等抗疏以諫跽門廷杖幾死出守泗州泗民惰弗知農桑軫至首勸之耕出帑金買桑于湖而植之募桑婦若干人教之蠶事郵卒馳報武宗駕且至他邑徬徨勾攝爲具民至塞戶逃匿軫獨凝然弗

動或詢其故軫曰吾與士民素相信即駕果至費旦
夕可貸而集今駕來未有期而倉卒措辦科派四出
吏胥易爲奸儻費集而駕不果至則奈何他邑用執
炬夫役以千計伺候彌月有凍餓而死者軫命縛炬
榆柳間以一夫統十炬比駕夜歷境炬伍整飭及過
他所時中使絡繹道路恣索無厭軫計中人懦可
懾以威乃率壯士百人列舟次呼諾之聲震遠近中
使錯愕不知所爲軫麾從人速牽舟行頃刻百里遂
出泗境武宗至南都諭令泗州進美人善歌吹者數

十人蓋中使銜軫而以是難之也軫奏泗州婦女荒陋且近多流亡無以應勅旨臣向募桑婦若干人儻蒙納之宮中俾授蠶事實于王化有裨詔且停止肅宗登極召還給事中去泗之日父老送者無不泣下在諫垣凡上三十餘疏悉關切體要其最大者如言新建伯王守仁心跡甚明不當以謗掩功沮將來忠義之氣刑部尚書林俊當納其言不當聽其去孝惠太后發引不當由中門興獻帝尊崇不當過禮並侃侃爲中外所論然竟拂當路意出爲江西僉事又以

執法忤巡撫棄官歸已而臺省交薦復起督學江西
其教條一本躬行士皆信嚮尋丁外艱歸遂絶意不
復出矣家居孝友廉介與人交坦然無城府䑕無宿
儲乃親黨有貧難必倡義周之凡鄉邦利病必盡言
以告有司未嘗干以私晚歲陶情於酒人謂其外常
醉而内常醒蓋靖節之流與故其卒也鄉人倣靖節
例私謚爲清獻先生云祀鄉賢
蕭鳴鳳字子雝山陰人童時卽奇頴占對賦詩出語
驚人弱冠鄉試第一尋舉進士授御史屢疏劾總兵

江彬申救胡副使世寧皆人所不敢言出巡山海諸關邊吏悚懾有傳武宗將行邊捕虎乃抗疏言陛下不當賤民命而貴異物玩細娛而忘遠圖因及總鎮以下遞相掊尅之狀留中不報先是權貴人多冒奪士卒首功前御史盡爲紀驗鳴鳳悉奏革之權貴人雖切齒顧無隙可乘尋乞歸省踰年起督學南畿至則飭科條絕請託其校士必以行檢爲高下不徒以文士亦凛凛不敢犯南中有陳泰山蕭北斗之謠陳諱先提學陳公選也遷河南按察副使仍董學政凡

所措注一如南畿當軸者有所屬不得行嗾言者劾其過嚴遂得調當軸者去位復督學廣東其秉公持正曾不以權挫少沮然竟齟齬弗達而鳴鳳亦倦遊矣遂歸家徒四壁不問生計華亭徐少師階其所拔士也視學過越造其廬鳴鳳已寢疾見之第曰子升勉之華亭亦唯唯執弟子禮唯謹其能以師道自重如此歿後三十年武進薛應旂自負少許可來視學獨表其墓亟爲祀鄉賢云所著有靜庵文錄詩錄叙錄杜詩註凡若干卷

沈弘道字伯元會稽人正德間進士授刑部主事決
獄稱平嘗憫囚久繫作囹圄賦讀者悲之武宗將南
巡道上書抗止遂被譴迨世宗入繼大統首陳治道
八事會丁內艱去服闋進員外郎繼遷福建僉事卒
于官家居時絕無私謁惟鄉邦利病所關則侃侃言
之旣議革下水關抽分又議開上竈河有司獨加敬
禮言無不從且又念其貧欲周之乃令所擬死大豪
石某者能致道書則免死豪憚道謀於道子伺道出
陳所賂千金於几冀以動之道歸問所從來遽唾去

豪竟杖死其清操不愧屋漏如此生平好學號述作所著有樵問洪範八十一廓太元論凭几論冲穆橐問其家不存云藏于舊主人平湖陸氏

俞集字汝成新昌人正德中進士初知長洲首除羨銀千餘兩誌稱其節愛多惠政召拜御史屢抗疏彈擊權倖已而巡按河南平黠寇恤饑民諸所經畫皆有稱於時集爲人鯁介磊落卒之日家無私藏其風節可表於鄉邦云所著有西行贅錄隨筆錄中州巡稿奏議雜稿旗峯詩集　祀鄉賢

盛瀧字源之蕭山人登進士初知臨淮終南寧守爲政嚴明一毫無所染謝事歸行李蕭然惟杜門讀書不入城府臨淮人久而愈思之有爲御史以巡鹺按浙者知其饘粥不繼延之入省飲款甚洽然終無所言一巨商敗法當戍携千金因瀧子以請瀧正色卻之子跽泣曰父恐坐視兒媳饑寒以死耶瀧曰吾誓不以饑寒易晚節子長號還商人金父子卒相與甘困不悔蓋其事與費愚相類越中稱清白吏必曰費成都盛南寧云

周祚字天保山陰人正德辛巳成進士初授東阿令邑號罷劇生聚教訓煦煦如家人東人悅之丁父憂補來安邑人大悅徵拜兵科給事中疏陳任將賑饑弭盜均役省兵稽尺籍清虎弊慎祀典飭荒政覈覆首功十數事皆能切實救時巡視九邊復陳邊兵芻糧大計上悉嘉納之還至三河蒙犯風雪有以貂裘進者峻拒之遂中病手足攣痿告歸病愈益肆力鉛槧其詩似少陵其文如河流下龍門積石奔激怒號攬其詩文志可悲也祀鄉賢

閻大年字長卿會稽人嘉靖辛丑進士授南兵部主事出守吉安陞山東僉事修保甲法練卒千人爲勁兵破賊楊施仁轉四川參議三殿災取材巴蜀使者相望大年渡河陪視採擇民困獲甦陞廣西副使平潮寇張璉詔賜金帛分守嶺北復平三巢賊獲賞如前會災變察吏罷官公論冤之大年性凝重飲酒可百觚守吉數載母命戒飲人鮮知者迨解任領城出祖人爲酬酢皆大驚異著有讀史日鈔竹屏偶錄閩見瑣錄宦轍遠游記春秋尤稱名家云

張逵字懋登餘姚人登進士庶館選嘉靖初授刑科給事中首劾武定侯郭勛旣又論妖賊李福達之奸皆忤旨始而謫官復被逮戍邊幾十年母死不得歸哀痛而卒隆慶改元撫臣以請詔贈光祿寺少卿祀鄉賢

杜民表字望之嵊人正德丁丑進士初知鉛山心慈而守介視民如子宸濠之變决策守禦民賴以不驚尋拜御史大禮議起忤旨廷杖遂罷歸臺省屢薦皆不報鉛山人祠祀之勒銘云道上有青天之譽獄中

無白日之冤

孫陞字志高餘姚人忠烈公燧之季子也忠烈公死宸濠之變陞時年十九隨二兄誓死赴讐會濠巳就擒乃扶柩歸廬于墓茹素三年巳而家窶甚務刻苦自樹學益冠一時嘉靖乙未舉進士第二人官翰林遷國子祭酒教先行檢抑浮競懸科條執行之雖親貴關說弗聽歷禮吏二部侍郎終南京禮部尚書卒贈太子少保謚文恪陞爲人孝友天植痛父之死絕手不書寧字不爲人作壽父文母楊夫人年九十陞

爲侍郎每公退必稱觴盡歡稍不懌輒長跽不起事伯兄如父無巨細必禀命坐必侍側終其身不改性恬淡無所嗜好一介之微苟有未安則曰趙清獻必不如是一切不問生計故躋登膴仕而家益貧尤泊於進取當分宜專政陞其門人乃自吏部乞徙而南其跡益遠而名益重平居自讀書考古外絶不與他曹事惟以水旱寇賊爲生民憂至形之詩歌以風當事者其課諸子不專文藝務以名節相誡勉爲文宗兩漢詩宗杜氏所著詩文凡若干卷 祀鄉賢

呂光洵字信卿新昌人嘉靖壬辰進士知崇安再知溧陽拜御史屢有建白並要切觸忌諱巡按三吳問民所疾苦開蘇松水利用舟師破海寇才名大振歷官工部左侍郎尋拜右都御史督撫雲南先是沐氏席世寵橫甚賄結權要脅制撫臣削其兵柄一時大吏或怵以威或啖以利皆拱手莫敢誰何所在蠻獠爲梗往往倡議招撫陽爲已功陰養寇以自重都御史游居敬稍與之抗爲反中謫戍御史王諍極言其跋扈狀朝議竟寬之於是驕恣日甚而滇事大壞矣

光洵至與按察副使張天復協謀併勸藩臬諸僚毋受沐氏餽遺毋揖朔望捕其黠蠻數輩悉置諸法首疏于朝請復給撫臣兵符緩急得自調報可已而土蠻李應陽反昆陽安國亨擾霑益虧遮者索宼尋甸先後調兵討平之進兵部尚書兼如故而武定蠻鳳繼祖者世毒螫鈎連諸寨有衆數萬地千里據城以叛縱兵突會城僉事張澤出戰死遠近震動沐氏復挾故智議撫光洵檄川貴爲犄角叅政盧岐嶷副使張天復率兵萬人夜半奪小甸關進攻武定克之繼

祖遁走追及於川境斬其首以獻武定悉平於是改土設流置守衛建學校功烈甚偉而讒構飈起光洵遂以南工部尚書致仕一時效勞諸大夫相繼罷去滇人寃之爲平黔記記其事建祠武定祀光洵及諸大夫光洵才識敏練敢于任事故能成大功於荒徼人比之楊恭惠何太保云而文學尤擅稱于時所著有元史正要詩易箋三巡奏議皆山堂稿可園詩鈔諸集　祀鄉賢

舊志張元忭云述呂公滇中事蓋撫卷三太息焉夫曩昔麓川之亂與武定等耳至勤大司馬統兵

往征兵至十五萬窮其巢穴而渠魁終不可得焚寨而還然且爵以靖遠至今不替從行諸臣並以郎中超拜侍郎彼固有主之者也若乃武定之役幾大亂於數旬拓地千里視麓川奚啻倍之而呂公僅蒙銀幣之賞一二藩臬不惟無賞且有罪幸不幸相去何天淵哉夫呂公生不得齒於靖遠亦已矣而其殁也且未有議其贈謚者曾不得與楊恭惠何太保爲伍悲夫悲夫此點蒼老人所以扼腕而劇談者也

翁溥諸暨人嘉靖己丑進士初知太湖拜吏科給事中外之謫龍泉丞尋起歷臬藩進都御史終南京刑部尚書卒於官敕賜祭葬謚榮靖溥識敏而氣凝臨事井井尤嗜學工詩文所著有知白堂藁 祀鄉賢

龔輝字實卿餘姚人嘉靖初進士初爲工部郎中以營建仁壽宮督木四川旣得大木五千餘部劄務欲倍之民情洶洶會有彗星之變詔求直言輝乃上言四川僻處一隅而巨木多在深山窮谷採取必吊厓懸橋而出艱苦萬狀況頻年川中兵荒相繼民困極矣因繪山川險惡一十五圖各爲貼說以進世宗郎命停止以年勞遷副使督學陝西著全陝政要書世多傳之歷副都御史督軍漳贛平懸繩諸賊巢尋總督漕運終南工部侍郎輝才識通練所至皆有建樹

人猶惜其未竟云祀鄉賢

陳陞字晉甫餘姚人嘉靖辛丑進士選庶吉士歷官翰林終南禮部右侍郎卒贈禮部尚書謚文僖爲人和易長厚無賢愚皆親之父煥兄揮弟覲並舉進士致通顯亦一時之盛云祀鄉賢

諸大綬字端甫山陰人嘉靖丙辰進士第一人是時越臥龍山鳴歷官翰林終吏部右侍郎大綬狀貌修偉而豈弟坦易好推轂士類其立朝不激不隨有公輔之望侍穆宗日講六年每進講剴切詳盡穆宗注

聽焉方屬意大用會駕崩大綬亦病卒後數年贈禮部尚書謚文懿 祀鄉賢

陶大臨字虞臣會稽人莊敏公諧之孫也嘉靖丙辰進士第二歷官翰林國子終吏部右侍郎卒于官贈禮部尚書謚文僖大臨貌不勝衣而識沉守介屹然不可動搖隆慶壬申侍太子於東宮及太子踐祚充日講懇懇以正心窒欲敬天法祖爲言自入仕輒以諮訪人才爲急置二籍袖中黑白必書及爲吏部參决大計所汰留多得其當平生翼翼畏愼惟恐有失

而於取予尤嚴無論金帛即書畫名玩之遺必峻卻之泊然無所好也卒之日橐無贏金士論益賢之而惜其大用未究云　祀鄉賢

葉經字叔明上虞人嘉靖壬辰進士授福州府推官丁父憂再補常州決幽滯絕請託風裁凛凛召拜御史時禮部尚書嚴嵩受諸藩賄濫予封爵經抗疏劾之下撫按勘其事嵩旣切齒已而按山海關按壁行營將吏悚懾癸卯再按山東曾中丞王副使胄築城功輙自建祠經據法毀之不少徇東平有尚書子橫

州里立捕治抵罪遠近肅然是年鄉試經職監臨發策以邉方内侵禦應失當爵賞冗濫征求四出財竭民困爲言錄旣成同事者請刪改且怵以危禍經不聽及錄上果以語含譏訕下禮部議嵩因摘錄中有云繼體之君德非至聖作聰明以亂舊章好自用而不能任人皆涉毀謗貼註以聞械繫拷治擬以大肆譏謗無忠敬心詔午門外杖八十發原籍爲民遂卒於道同事十三人並下獄譴謫有差先是御史楊爵以封事獲罪下錦衣獄同輩多遠引避禍經獨過問

不絕及經繫獄爵使人覘之經兀坐不少動卒時年
三十九胄爲著傳於獄中隆慶改元詔復原官贈光
祿少卿官其子　祀鄉賢
謝瑜字如卿上虞人其先僉事肅通政使澤皆名臣
嘉靖壬辰瑜登進士令浦城績甚著召拜南道御史
時武定侯郭勛建議請復天下鎮守鉗制百官瑜劾
勛妄肆極言正德中閹宦無狀司禮劉瑾反於內鎮
守畢眞劉朗反於外覆車可監上雖不遽斥勛而鎮
守之議竟寢海內賴之尋使雲貴核兵籍因論兵部

尚書張瓚副都御史党以平貪墨無賴又論禮部尚
書嚴嵩奸佞大學士翟鑾佯食刑部尚書周期雍飾
非自固於是相繼罷去惟嵩得入相瑜自雲貴還臺
長稱爲古之遺直薦留雲南道嵩憚之百計要結且
啖以美官瑜掉頭不顧出按四川聞邊警上疏曰堯
舜誅四凶而蠻方率俾今之四凶郭勛胡守中張瓚
嚴嵩是也陛下已誅其二矣何不盡屏逐之以全堯
舜之功乎且極陳邊事大壞狀上不之罪嵩益欲甘
心焉瑜以母老乞歸未允而嵩乘京察除瑜名瑜歸

日奉母怡怡盡歡嘯傲一小閣不一躡城府自謂狷介名所居曰狷齋然其中實坦坦使人可親世宗崩遺詔錄言者未及拜命而卒年六十有九久之御史周弘祖輯嘉隆章疏特請於朝贈太僕寺少卿

陳紹字用光上虞人嘉靖中進士司理廬郡徵拜南臺御史號有風裁壬寅八月禮部尚書嚴嵩初拜相而邊適内訌紹抗疏曰昔中國相司馬遼人戒勅邊吏今嵩外爲謹飭内存險詐競奔趨而賤名檢見輕士論一旦列置具瞻何以勵庶職而威遠方請收回

成命別簡忠賢宗社幸甚時肅宗尚親萬幾嵩雖恚甚不能輒加禍尋出爲部州守至則與民更始榜十餘事持而行之利弊興革殆盡屢斷疑獄人以爲神明暇則進諸生於濂溪書院躬訓廸之部士始彬彬向學値夏久旱徧禱于山川中暑病劇俄聞雷雨聲復張目問民事乃瞑所遺書數篋而已紹首折權奸著績大郡卒以勤事死部人至今俎豆之紹卒時妻孫年二十六甘窮苦撫其二孤歷四十餘年尤以貞淑聞於鄉　祀鄉賢

沈鍊字純甫會稽人生平慷慨有大志復雄於文下筆輒萬言嘉靖戊戌舉進士知溧陽治大畧倣潎霸論大豪抵死因再抗臺使其屬尉贓墨錮之尉又白經鍊遂三徙終不少變爲令久不得調時相知其才稍移錦衣幕會邊境有寇集廷議鍊昌言由相之罪嚴嵩父子廷詬之已而復上書數其罪詔杖鍊徙置保安時鎮臣匿敗以捷聞得賞方宴會諸寮稱賀鍊以詩大書遺之云殺生獻馘古來無解道功臣萬骨枯白草黃沙風雨夜寃寃多少覔頭顱鎮臣大銜之

巳又刻木爲秦檜日令人椎射作射虎行籌邊賦譏刺時事無虚日而邊人慕鍊忠義多附之者鍊乃招流亡倡城守爲防邊計邊外聞鍊兵輒相戒勿近於是鎮臣與相嵩搆鍊將爲亂鍊遂被刑弃戍其子襄隆慶初詔贈鍊光祿少卿錄其子襄襄上書訟父寃鎮臣坐死越五年臺使令有司祠祀之鍊所著書悉亡於逮時今僅存青霞集 祀鄉賢

沈束字宗安會稽人嘉靖癸卯鄉試第一尋舉進士出理徽郡三年拜禮科給事中世宗末年相嚴嵩父

子專政諸所進退一以賄入爲低昂束觸事憤慨遡
列其罪狀語稍漏會總兵周尚文卒請卹典嵩惡其
素不附已寢之束抗疏言尚文忠勇素著國之長城
其死也邊人無不灑泣而身後之典格而不議何以
示勸且大臣當體國奉公奈何以愛憎爲予奪疏入
嵩大怒條旨杖闕下幾死尋下詔獄幽禁之自束疏
上後沈錬趙御史錦徐刑部學詩先後論嵩時
號越中四諫而嵩愈恨越人禁束愈固在獄凡十有
八年艱危萬狀惟几坐玩周易著周易通解發爲詩

歌悲壯悽惋令讀者裂眥酸鼻會嚴氏敗而東父年八十有七其妻張乃伏闕上疏請以身代繫令夫得一見父以瞑凡三上乃得旨放歸歸則固有心疾且其意欲佯狂以避世時時對客作譫語然平居談道賦詩惺如也隆慶初詔起原官尋遷南通政皆不赴自是埽跡城市日以著述自娛家故貧有田十餘畝婦妾并日而食處之怡然居十餘年而卒初東官給事時尚無子張孺人自會稽來置妾潘與俱旣至則東巳下獄三日矣張憐潘年少欲更嫁之潘涕泣誓

以死侍卒相與茹荼苦以供饘橐及束出獄潘猶一處女也張身執汲炊而日令潘進御然竟無子束沒未幾而潘亦尋沒矣山陰令徐貞明表其里曰一門風節云　祀鄉賢

徐學詩字以言上虞人登進士授刑部主事歷郎中能盡心刑獄不爲權勢撓阻當是時相嵩父子怙寵黷賄日甚緣嬖幸鋤擊言者天下咸以言爲諱庚戌秋寇犯邊突騎薄都城而所分布要害之帥尚以賄置會有詔求直言學詩遂具疏歷數嚴氏奸利事上

爲感動而方士陶仲文爲言嵩孤立盡忠學詩特爲所私報怨耳乃逮下錦衣獄箠楚備至學詩慷慨當之不少挫尋放爲民以歸歸則日侍其父安寧公優游杖屨曾無所侘傺於中而潛思力踐若有所望而趣之不以一節自多也世宗崩遺詔錄諸言者起南通政司參議抵官逾月而卒士論交惜之撫臣趙孔昭以請於朝贈大理少卿祀鄉賢

周如底字允直餘姚人嘉靖己丑進士初知瀏陽改婺源時汪大宰鋐方柄銓家人橫甚如底一裁以法

汪衡之移判武昌汪去位始擢工部主事歷營繕司
郎中時九廟四郊慈慶慈寧諸大工繼起川湖巨材
衡尾至故事至則輓入臺基山西二廠聽内豎取裁
繕司唯唯而已如底密召工師索其總冊梁若干柱
若干長若干圍若干榱桷椽檻之類畢具乃令輓木
者悉以木置長安東西街召諸匠如式裁用然後進
兩廠而所餘闌頭悉送器皿廠造御器内豎一無所
得時内外提督若太監高忠武定侯郭勛並貴寵用
事雖屢肆叱辱如底第含忍偵卒日夜伺其起居竟

無隙後以積貲擢太僕少卿念親老未嘗攜家憂思勞苦竟得疾請告歸歲餘卒無以爲斂其清譽益彰云祀鄉賢

陳楠字彥材上虞人少穎敏日記數千言遂博綜羣籍稱鉅儒嘉靖丙戌登進士授長沙理歷大理寺正讞獄多所平反尋出知寶慶慨然慕古之循良賑災弭盜興學造士十三年而惠大洽遷按察副使備兵蘇松不悅於當路遂罷歸歸而杜門讀書清約如寒士其廉靖簡朴之風足以厲頹俗云

徐甫宰字允平山陰人童時嘗刲股療其母旣長以產讓其兄議論慷慨常以奇節自負嘉靖癸卯舉于順天久之授武平令邑爲盜藪號難治甫宰多方拊循遠近畏懷諸寇亦皆傾心受約束賊有負險以叛者督府將發兵征之甫宰單騎詣其巢曉以禍福賊羅拜泣下卽解甲降居武平六年復攺程鄉其治一如武平又用計平石窟俘徐加悌縛林朝曦諸巨賊斬首千級以功超拜按察僉事備兵潮州潮當山海間土賊島人相煽亂甫宰開誠釋從撫勦迭施潮境

獲寧然竟以勞瘁嘔血歸卒于家武程及潮並建祠凡卜餘所水旱疾病有禱必應云

茅宰字國卿山陰人嘉靖中進士知六合縣守潔政和爲一時循吏之最遷南刑部主事未幾卒六合人祠祀之宰資性穎敏而好學砥行卓然以遠大自期乃竟限於年識者惜之 祀鄉賢

朱公節字允中山陰人嘉靖辛卯領鄉薦初爲彭澤令終泰州守爲人方嚴簡重而心事平坦幼孤事母甚孝既入仕即以父產悉畀其弟喪母時年已六十

猶哀毀踰制病越俗居喪宴賓非禮一切用齋素戒子孫世守之先後家居未嘗干謁有司有司往往禮於其廬歷典州縣自常俸外無妄取而一意爲民捍災興利有古循良之風在彭澤尤久邑人至今祠祀之所著有東武集　祀鄉賢

俞子良字汝誠山陰人領順天鄉薦潛心聖學力敦古道平居無戲言戲動議論侃侃務砥礪名檢未嘗以一事干有司初教諭欒城欒俗不知有禮則諄諄以禮誨之未冠者躬爲之冠有婚喪者爲之品式使

遵行焉鄉人感而化之雖婦女亦呼爲俞夫子云遷肅寧令治邑事如其家甫踰年百廢具舉臺使者待以殊等然竟以勞瘁而卒柩還之日蕭然敝篋而已所著明學錄通禮節要尊親錄鄉居司牧二集並典切可誦以上皆舊志列傳

邵賁字南皋餘姚人弘治庚戌進士授通州知州張皇親游歷天下苛索郡邑金帛毒威以逞通州士民鬨其將至勸賁豫備賁曰無害也可製四車二乘需其來汝輩但一呼衆集靜聽吾指授耳皇親至坐堂

上役卒咆哮主亦威武黃令納之四車中而自檻其一北行百姓且乘間毆其役卒觀者憂之及至京上大嘉悅下其親錦衣衛繫獄中久而太后聞之曰吾不識邵知州何狀乃能如此可令吾一見耶奉懿旨逮黃則已遷南刑部郎中矣尋命往南逮之則已遷福建參議忽陞廣東參政忽陞福建布政使而縱騎往來不相值上知太后怒未除密勅致仕世宗登極詔卽家賜麟衣以旌之

顧遂字子文餘姚人正德丁丑進士授刑部主事武

宗南巡遂將伏闕諫或以非言官沮之乃曰巡遊開
天下安危既食君祿安能結舌疏上廷杖六十幾斃
知惠州府有老嫗攜幼子控寃未及理適疾篤語家
人曰吾他無所恨惟未能爲弱子聽訟耳及疾愈亟
白其寃鄰郡潮州有紳嗾洗以給事罷歸流毒于鄉
群訴院司願得遂訊之竟按以法遷廣西僉事思恩
土司猖獗親督戰斬渠魁以一舟至其界招輯餘黨
後巡撫南贛遷刑部侍郎介節聞于中外子褒乙丑
進士

楊大章字章之餘姚人嘉靖癸未進士知瀏陽歙縣以卓異名冢宰汪鋐歙之隣邑人缺修候之敬改刑部主事歷兵部郎中出爲薊州兵備副使薊州盜藪大章歛兵彈壓收拾人心境內帖然亡命胡廷秀入都城白晝殺人從西直門出入莫敢近大章選驍騎跡至臨清縛斬之城武清漷縣以救飢民歷荊州兵備副使遼藩嘗微行沙上大章嚴門禁稽其出入爲之少改五遷而至刑部左侍郎尚書鄭曉凡獄情必咨大章而後行遣三十八年予告歸

諸演字宗易餘姚人嘉靖丙戌進士以主事擢御史大興隆寺災演上疏請順天心絕異端又以姚廣孝披緇從祀成祖不便遷其像于興善寺巡按廣西平徭亂復疏劾嚴嵩遷江西僉事卒於官

葉洪餘姚人嘉靖己丑進士與孫應奎同年同官給事中同上疏劾冢宰汪鋐及武定侯郭勛眞人邵元節逮訊并杖謫寧國縣丞孫敬願戊戌進士

孫應奎字文卿餘姚人嘉靖己丑進士學者稱蒙泉先生生十歲而父病羸家貧甚母董課之讀時從錢

燈哽咽中誦聲朗然弱冠舉南宮歸時王文成單提
良知之旨示人學者梏于舊聞不能遽信應奎深知
爲正學而師事之文成授傳習録一篇除禮科給事
冢宰汪鋐中懷奸利然以才辨爲世宗所眷注應奎
疏陳其不法廷杖幾斃然公議既昌鋐不安其位去
謫華亭丞移知江陰縣歷副使出視河南學政繼以
母憂服闋視學三楚皆以躬行心得者示之標的人
上向風轉江西左叅政分宁柄國凡仕江右者莫不
禮其門應奎獨不徃遷山東按察司左右布政使時

議開膠萊河爲便于海運應奎言崗隴沙礫之地勢旣不可河卽河亦豈海舟可以直達與御史忤後上遣大吏不惜重費圖之幾激變則應奎之識遠也入覲數與冡宰李建安爭官屬可否建安欲曲庇三人應奎執之甚力庭中莫不動色陞都察院右副都御史總理河道踰年歸家居三十餘年書史之外無餘好接引後進德業之外更無他談趙文華欲與爲壻見應奎不敢發言而別所著燕貽錄彝繹舊聞而特書其所得年八十三卒

翁大立字儒參餘姚人嘉靖戊戌進士授工部主事改刑部讞江南獄多所平反其奏牘法家宗之尋擢按察副使督學河南稱得士歷右副都御史撫南畿芟薙市俠幾危其身而百姓用安已視河時齊豫大水疏乞蠲濟上爲出內府金錢二萬緡支淮揚商稅萬金留漕糧三萬石以賑之獻十二圖具民窮運梗之狀疏中有大官之膳百姓脂膏太倉之儲運軍汗血諸語誦者韙之仕終于南兵部尚書參贊機務家居簡素出入恒徒步以讀書種樹爲樂爲文爾雅平

餙有文獻諸書若干卷詳餘姚志念邑苦徭役乃求講雇役遺意號條鞭法直指使者上之槩爲令今海內多行之者無不稱便所著徭役或問詳田賦志祀鄉賢

周如斗字允文餘姚人嘉靖丁未進士授貴溪令以最徵拜御史按三吳會倭內訌兼奉勑監軍躬厲將士提書至歲且祲疏請蠲稅瘡痍用起吳民德之瓜期叩闕乞留特賜允明年倭再訌于松城守戒嚴奔命者帥拒弗納適如斗行部至厲聲曰郎弗納是驅之死也脫有不虞吾任之扶攜而入者頌載道倭亦

旅靖居中調度獨多焉爲倅帥所忌僅賚金綺加俸
一級自是爲南督學累陞巡撫實卿大夫所推轂云
時三吳重賦而軍興加派更甚如斗蠲汰煦摩倍殫
心力後撫江右病卒至今吳人有周邵之稱邵名陞
後二紀而按吳者也子愚克壬戌進士始巢令終湖
廣叅議所至廉毅有聲江口壩兩父子進士庶幾不
媿坊表云
鄧陛字世忠餘姚人隆慶戊辰進士庶吉士授御史
凡三出按所至有聲按吳疏寬積逋無算次江北創

議築泗堤濬海口以捍水患次江右江右素苦機杼
恭號之賦並爲䟽請裁減而監臨棘事錄文甲于一
時歷湖廣廵撫盜踞大㡛蘄黄間勢張甚分地恊勦
厥功居多初潞王之國有以景邸莊田啖之者王請
之溢於故額陛列見田以聞無濫及民産官至刑部
左侍郎陛恢鎔有度喜扶植士類至指陳中外闕失
忠悃切至以故上多喜納其人所罕知而已亦未嘗
語人者則掌道時陰持敦促故相䟽不上最爲孤鶱
孫司馬鑛能詳之亦足其生平矣有兩臺奏議若干

卷皆其焚餘時俱重之

沈裕餘姚人萬曆壬辰進士選爲御史三十一年妖書事起沈相一貫欲借以陷次輔沈鯉少宗伯郭正域獄久不成最後得皦生光侍郎李廷機及趙世卿謂朱相賡即此可以成獄賡勸一貫如廷機言刑部尚書蕭大亨必欲窮究之裕力持定獄上命磔光事遂得解

章守誠字念清會稽人萬曆癸未進士授桐城令報最召拜南臺御史奏蠲漁蘆稅課季進金花兼理京

庚清徽立碑將奉旨三王並封守誠抗疏極言皇長子册立之典陛下業許舉行而今與皇庶子並封豈以祖訓立嫡中宮尚可待乎况先帝踐祚一年而皇上即以六齡正位東宮身受立長之禧而獨疑于皇長子臣所未解也憶皇冑初生上兩宮徽號推恩姻戚群臣詔赦天下初以長男隆禮于前而今與介子並榮于後又臣所未解也曾携皇長子至毓德宮召輔臣曰此祖澤聖毋所致言猶在耳欲舍現存之震位遠需未必之前星又臣所未解也于是並封之旨

遂寖旋陞河南叅議遷湖廣副使時稅使四出楚藩尤毒璫惮守誠嚴毅全楚以安隨陞廣東叅政以疾致仕猶置學田以鼓後人所著有疏稿詩譜垂世長子志伊國學生次志仲庚子舉人迄今子姓詩書繁衍爲不忝厥祖云

楊維嶽字五參餘姚人少孤力學爲諸生有聲庠序歸常自其所居之四明鄉踰峻嶺走縣城會課隆冬積雪足流血不少休萬曆戊子舉于鄉己丑會試禮經第一人與會稽陶望齡雲間董其昌同榜是科稱

爲得人授刑部郎屢斷疑獄多所平反出守漳州絕苞苴杜請謁革橋稅以不應當事所求左遷忻州守九年不調脩明禮教兩治士民至今尸祝之舉卓異陞叅政備兵貴州致仕家居訓人以致良知爲本

紹明姚江之學爲孫詡以文學稱

紹興府志卷之四十六終

紹興府志卷之四十七

人物志十

鄉賢之四　列傳後

聞人詮字邦正餘姚人嘉靖丙戌進士少從學於王守仁詮嘗危病兄誾祈死求代未幾誾卒其母哭喪明守仁曰聞人氏可謂慈孝兼至爲寶應令邑南有氾光湖延袤三百餘里風濤没溺軍民病之詮議開越河衛漕運輿論久不決乃試築一方以一準十工用不煩竟成之擢御史廵視山海關繕修城堡以丈

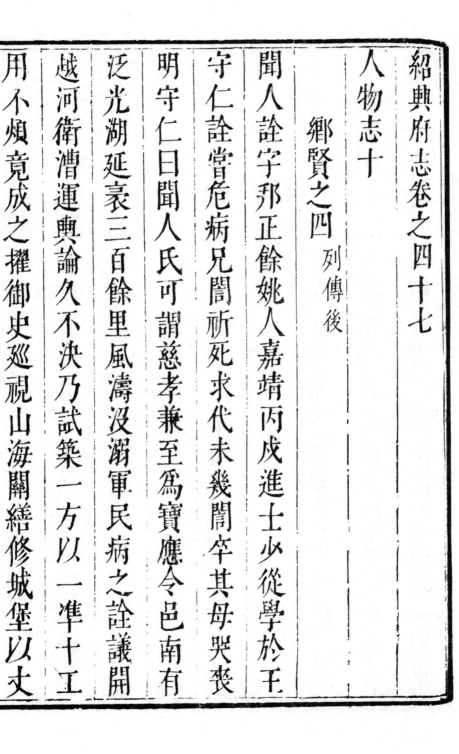

計者四萬餘民不知勞論救都御史王應鵬乃受廷杖爲南京提學御史以士無實學校刻五經三禮舊唐書行世隨與錢德洪等訂定陽明文錄世宗幸承天後行宮尚存人心憂其再巡詮上疏撤之出爲湖廣副使告歸晚年足跡徧天下歷粤閩齊楚諸名山曰吾心目自此益矣　祀鄉賢

祁清字子揚山陰人幼時語默動靜皆如矩度嘉靖丁未成進士司李保寧明於讞決部使者以重慶府賦役不均特與勾校清畫便宜法行之所云一把連

是也陞南京禮科給事中疏言今軍興費絀弊有三冗內臣動以千計則官冗監局工匠歲費粟萬餘則食冗諸衛官軍伍缺糧存則兵冗上納其言下部覈之又劾咸寧侯仇鸞怙寵及藩臬之倖陞卿貳者以是爲時所忌年例出知福州府適海賊內犯民爭入城監司欲阻之清謂民命不可不重遂多全活擢貴州副使苗長楊進雄廢子而立其猶子珂以致戰鬭珂據六洞叛清諭以利害乃自縛乞降既而王世麒宋廷武王阿利各據險以叛清策於大僚曰世麒兩

世濁誅宜發兵進討宋禍起於爭襲阿利負固無能撫之足矣巡撫如其言卒平眾苗遷湖廣參政增築辰州府城計安銅鼓衛反側議設五溪舟制遷陝西右布政使卒于官貧無以爲殮時論嘉之 祀鄉賢

呂本字汝立初姓李其後奏復餘姚人嘉靖壬辰進士授翰林檢討出爲南司業晉宫坊世宗方銳意總攬本主順天試其題禮樂征伐自天子出破云治以一統爲盛勢以不移爲尊上覽而悅之屬意大用晉祭酒廷推閣員六人其名附末特簡以少詹入閣辦

事眷遇殊渥充會試總裁復掌吏部躋少傅本所事
既英察主又分宜華亭二相爲同列勢在機穽間而
上不疑下不忮身所奏對能持大體調停景裕二邸
以安國儲其力居多建議築新城於姚江南爲鄉里
保障自丁艱回籍優游林下者二十餘年終身無疾
言遽色人咸醉其盛德神宗癸未年八十上命有司
存問又四年卒贈太傅謚文安嘗著有期齊集奏謝
稿館閣漫録祀鄉賢其事畧載王弇州汪大函二傳
陶承學字泗橋會稽人嘉靖丁未進士初列中書歷

南京御史時仇鸞得寵驕橫言者多罪斥承學抗疏糾之出知徽州府徽故多訟乃能敏於斷決邑民裹糧就讞者朝至夕去徽人號爲半升太守言食米半升訟者得寧家也迄離任篋中一無所有祇箑數柄墨數梃而已轉江西副使會景藩就封撫軍檄撥舟子萬餘承學以山民不習水捐俸募鄰郡人應之民建思仁祠歷南京禮部尚書江陵相奪情充大婚使乃力爭之即致仕歸後特恩存問歲給俸廩不撤承學生平視聲華貨賄同於浮雲或訾其矯荅曰吾何

興於人特以面皮薄手腕軟門吏在旁心愧之不能
貪爾聞者嘆服卒後賜祭葬贈太子少保諡恭惠祀
鄉賢

趙錦字元樸餘姚人嘉靖甲辰進士除江陰令有惠
政擢御史巡按江左適寇掠太倉朝議欲置總鎮江
淮間錦力言小寇竊發不足煩大師遂寢之歲省費
不貲時元旦日食具疏引春秋之義日食爲陰盛陽
微由閣臣嚴嵩怙寵納賄蠹國害民所致忽緹騎械
繫下錦衣獄搒掠備至而不死除籍歸穆宗踐阼起

河南道御史後巡撫貴州苗蠻自恣示以朝廷恩威始就約束萬曆初歷南京禮吏二尚書而江陵相張居正柄國錦岸然無所依阿又屢言朝政得失爲忌者所劾致仕復起左都御史骨鯁不回至議文廟崇祀特謂文成白沙當與其列改兵部尚書丁内艱歸居數年齒已七旬有六詔起不得已就道至姑蘇卒贈太子太保謚端肅 祀鄉賢

張天復字復亨山陰人嘉靖丁未進士筮仕禮部主事歷陞儀制司郎中遇嘉善公主下嫁穆宗大婚景

王就國並大典奉職皆稱督學湖廣稱得人調雲南副使佩臬司篆國公沐氏不法以祖制戒之已而武定苗亂詔進討滇撫呂光洵以天復監左軍身率將士出入箐篁間擒僞王鳳繼祖俘苗長以數十計沐氏欲分其功使人賫白金餌之竟不許乘撫按院新任囑令劾之遂逮滇中而諸父老詣院辯其無他以故羅織事得解竟以入覲册費紙落職歸纂修山陰縣志未幾子元忭爲進士第一授修撰請以已官贖父職詔復其官尋卒所著有鳴玉堂集廣輿圖考及

湖廣統志

潘晟字思明新昌人嘉靖丁未登進士第二由翰林掌成均侍東宮日講輔導著勤歷南京冢宰進退協輿情晉大學士時司空告匱宗祿不敷特上藩室事例輕重適均世宗晚年頗好羽流宫中多醮祀詞臣每引上清諸天之說以進晟折其矯誣非所以裏國是尋致仕歸前後居官三十餘載雅量過人對僕隸未嘗加聲色而不怒自威與後進酬酢輒自稱名世謂其貴而不驕有古大臣風歲侵行賑救起瘠溝中

文捐田百畝贍學爲諸生月餼歲貢之資邑人德之

祀鄉賢

孫鑨字文中餘姚人文恪陞之子嘉靖丙辰進士初官兵部郎世宗時近侍稍得預政鑨抗疏以趙高林靈素引喻閹臣旣答格之近侍駸駸欲搆禍卽以移疾去隆慶初漸歷光祿卿適輔臣張居正留相慨然曰宰相不奔喪是尚可與同朝事主乎尋引例去萬曆初歷南北吏部尙書維時輔臣權重銓曹以唯諾奉行而已鑨有所進退不屑依阿當計典與考功郎

趙南星力持公正鑨有甥南星有戚皆不得免舉朝無敢干以私者然與前後相臣皆如枘鑿由是乞骸骨歸踰年卒贈太子太保謚清簡子如法如洵俱進士　鑨祀鄉賢

姜子羔字宗孝餘姚人父應期學于王文成子羔以幼齡侍講席輒有所契後登嘉靖癸丑進士授成都府推官巡蜀御史方捕宿惡失實子羔沮不行久之虞其識尋以卓異召不阿嚴世蕃調禮部主事累遷陝西副使藩祿不給議以便宜使就近開屯爲軍民

利薦第一有旨補邊方巡撫員缺初子羔舉進士江陵相其舉主也不屑依附遂遷行太僕寺卿尋罷寺故有羡金三千瀕行吏謂無籍可稽投之官橐中子羔曰以出處自二是喪其素也亟擯之卒時賦詩一章猶自三省謂比于曾氏易簀云　祀鄉賢

王元敬字廷臣山陰人嘉靖巳未進士知許州介然獨立遷部曹江陵相以本郡太守需人屬銓司非元敬不可將行聞楚中方面者謁執政皆侍坐駭然曰治楚之謂何講敵體禮當自予始蒞荆郡抑其族黨

一執于法上爲執政治第楚長吏進冊薦資咸以百千計元敬止捐清俸數鏹人服其介時諸省決大辟歲至百十惟元敬按察山東論四六人御史讓之弗顧任東粤左藩禁有司勿度田擾民島人數百坐棄市廉其寃多出之巡撫應天亟劾墨吏而吳中肅然元敬生平厚重寡文如不能言遇大事莫之能搖楊忠愍被刑時交遊多引避乃獨往西市持杯酒引滿爲訣可不謂義勇者與年八十有七卒　祀鄉賢

吳兌字君澤山陰人素裕膽識嘉靖閒爲諸生時越

地中倭鄉人卒走匿兌獨部宗黨結栅禦之巳未成
進士爲武選郎見恩蔭冒濫中官特甚乃持例草疏
時司禮監遣人詣曹求易疏兌怒斥之欲以遽奏聞
司禮者懼謝又以武爵訛濫置籍七百使不得干進
宿弊爲之蕩然大盜曾一本久嘯海上閩師以捷聞
謂一本巳死朝論方行賞兌曰渠魁之眞僞未可辨
也請覈實後一本果未得凡邊功覈而賞自此始嶺
右有吉田之師豫料賊入楚其徑有三先期申諭土
司蚤防禦之又欵貢之議決策而定歷右僉都御史

撫治宣府等處先是屯糧溢額至十餘萬軍多積逋乃疏請赦逋流人歸業者給以牛種由是耕夫雲集粟價賤于中土且諳火器之利以大小砲練爲陣法計督撫九年府庾充牣邊境鞏固回部從上大閱特進陣圖尋以右都御史總督諸邊擢兵部尚書甫數月請骸骨歸世襲錦衣千戶兌生平輕財好施俸廪所入緣手而散至其居鄉力持公正尤爲人所推重卒賜祭塟　祀鄉賢

張岳字汝宗餘姚人嘉靖己未進士授行人考選給

事中劾閹人暨盛憑寵瀆貨有旨杖斃暨盛并戍其黨留都旣而岳以言事讜直出爲雲南參議三遷晉南京右僉都御史執政張居正奪情未果六卿臺省多連名乞留岳言臣不敢附和蓋陛下所以留居正者爲天下扶綱常耳父子莫大焉居正遂貶抑之時御史朱鴻謨亦有諫疏人稱爲南中雙鳳後岳起四川參議累遷左副都御史直陳國事列二十一人別其邪正其邪者皆時相黨人岳遂不見容予集義進士 岳祀鄉賢

陳有年字登之餘姚人中丞克宅之子嘉靖壬戌進士累遷驗封郎中成國朱希忠卒弟希孝結驩閣臣冀得王爵有年執不可朝論竟王之遂移疾歸復起爲考功文選郎時海瑞以言事廢家居十餘年特議請台召還大慰民望有年歷提督操江尋擢吏部尚書與文選郎顧憲成汲引君子最盛而閣臣植黨進退非其人力爲維持以伸銓政及陳于陛入相有年發憤乞歸角巾布袍一如寒士嘗散步郊原與儔人相雜沓莫辨其爲故冢宰也卒贈太子太保謚恭介

祀鄉賢

高克謙字子益山陰人嘉靖乙丑進士以工部郎提督易州山廠一意興革利弊野有老狼久爲民患克謙以文檄山神期令自致未幾狼果前而俯伏遂殪之民立殪狼碑紀其事遷山東僉事濟南通判其居官高潔臺使者屢以賄要之不得欲下其績克謙曰人方撫字心勞可駕之簠簋不飭乎臺使者怒劾以比周得論救乃補廣西僉事土官黃金鑣以事入獄願進鏹數千冀減等克謙卻之竟論如法衆苗爲亂

許就欸特集諸弁議勸忽昏暈不能言猶勉書一勸
字而卒時年六十有二以廉正爲世所欽
駱問禮字纘亭諸暨人嘉靖丙辰進士歷南給事中
侃侃不屈數上書皆大體巨務諸中貴與政疏言其
非制謫雲南楚雄知事閣臣趙貞吉高拱交贊之擬
請復諫垣張居正忌之甚遂轉揚州府推官遷南工
部歷雲南參議福建湖廣副使民望歸焉乃乞終養
居二十年卒問禮秉性剛方動履高潔有古諍臣風
自嘉隆至明末暨邑賢者宜首稱之所著有萬一樓

集續羊棗集隆慶間纂修邑志後姚江孫鑛謂其書詳博尤精核有據祀鄉賢

羅萬化字一甫會稽人隆慶戊辰登進士第一授修撰與修世廟實錄辛未爲會試同考以侍讀充經筵展卷官仍與修會典出典應天鄉試復分校禮闈當江陵相柄國諸事苛細萬化意不然之而江陵欲締以私好峻拒如故尤七建三省殿潛請撰記萬化曰吾爲天子侍從臣而代閹人作記耶復爲其子先期求試題怒曰吾婉裝兩匣且出宣武門可矣豈其難

去官恥衒之者彌甚及江陵卒始遷諭德累歷禮部尚書是時儲位未定有三王並封之命萬化率其僚屬疏稱有嫡立嫡無嫡立長疏凡數上太倉王錫爵亦力爭之國本始定會閣臣闕所推有萬化名或云中官不可以無賄萬化曰吾起寒士遇合至此過矣是何官而欲以貨取乎未幾病隨之累疏乞歸賜馳驛至寶應而卒賜祭葬贈太子少保諡文懿　祀鄉賢

朱賡字少欽山陰人隆慶戊辰進士由庶吉士累轉詞林充經筵官上方冲齡嗜花石乃爲講宋史花石

綱之失上退謂左右曰朱賡所言是也後進大學士疏罷礦稅害宗室華樾奏稱楚王非恭王子不應爵王亦以疏陳部議不辨賡寢揭坐華樾誣會有妖書言帝欲易太子故用朱賡賡者更也上怒所捕多株連為移書閣臣沈一貫論磔皦生光而止又請釋逮繫推官華鈺等十餘人釋御史曹學程罪天下翕然歸譽蜀黔土司互攻戰議撫之得免兩地鋒鏑雲南焚殺中使楊榮請從寬政由是崗蠻無變志賡受主眷良久病危嘗疏時政謂比於尸諫卒年七十四贈

太師謚文懿所著有經筵奏疏及茶史敦庸集

張試字式言蕭山人隆慶戊辰進士令休寧撫字著績設義倉賑民改淫祠爲社學陞工部主事督建氐儀等閘改判辰州府招撫天柱諸苗歷刑部郎中時神宗優游宮禁久不視朝試兩疏反覆進諫語侵宦豎出守撫州府墾七里桃花等陂計萬餘畝卒于任宦橐蕭然所遺舊衣殘書而已

鄒學柱字國材餘姚人隆慶戊辰進士年二十二授溧陽知縣巨蠹呂祚等夙爲民患學柱訪得之即置

之法王寡婦有姑暴死姑之女意有所貪乃以酖毒誣寡婦前令繫之獄學桂出之人稱年少包羅田賦有官民二則官田賦最重民甚患之貧者田既鬻而賦仍留于籍故無田有賦貽累子孫學桂力爲清丈編以一則而官田賦絀則以勢家隱漏賦補之百年大患釐于一旦居官除食俸外纖毫不取去任六十餘年士民聞其死相與涕泣請祀學官先是出守歸德府平白蓮妖清鹽法擒劇盜朱應科等遷江西副使官廨有厲則以文驅之陞河南左布政使再補山

西時稅閹四出自立權關守土官相角不已學桓曰此輩狐鼠也激之變生不如假以辭色申其正議識力爲世所推罷歸二十年卒同里以爲人倫氷鑑嘗識倪元路于童時以女妻之祀鄉賢

周應中字正甫會稽人隆慶辛未進士授元氏令調眞定縣因滹沱河通水利教民種稻北方水田始此初應中售南宮輔臣張居正實爲舉主乃以手書刺其奪情致大恚後調湖廣崇陽縣度田畝均賦役民甚德之因呼其田爲周田勢豪者志不得逞置毒飲

餘中幸一嘔而甦壽以大計落職家居二十餘年都御史艾穆疏薦累陞山西僉事故太宰王國光居鄉不法按以律而其私人力擠之復罷歸再起湖廣僉事治荆南三年導宗室以禮繩墨吏以法風采卓然竟以抗疏自理被嚴旨歸世謂應中負經濟略雖遭顛躓而再廢再起發抒可觀特以不究其用爲恨年九十終　祀鄉賢

孫鑛字文融餘姚人文恪陞之子萬曆甲戌會試第一其讀書也丹黄讐校往復留連嘗欲輯五車一笈

謂易詩書可云三墳周禮禮記春秋三傳可云五典儀禮管老列莊國語策騷可云八索荀韓呂淮南太元史漢文選詩記可云九丘及其梓發未嘗標異而凡所訂駁悉入化工歷官考功與嚴太宰清汰外吏盡斥倖媚進者司典選首召忠直鄒元標於戍所一時端士如趙用賢吳中行輩相繼彈冠又以副都御史出撫山東進防海圖說極言關白破朝鮮請貢宜戰不宜和以少司馬總督薊遼議留倭使小西飛皆與本兵石星忤而侃侃不阿又督大帥董一元乘雪

擒倭巢敵驚遠遁其勦脫巾悍卒斬妖人劉天緒等

皆能防變未然歷官自主事迄南京大司馬文德武

備爛然可觀乃又虛懷自下以成其大嘗言任平孟

秋朝邑雷士楨是吾直友武進唐鶴徵郭邑趙南星

是吾諒友鄞邑余寅麻城周弘禴是吾多聞友洎乎

接引後學無町無崖人樂親之後世讀其書者咸知

有月峰先生去世甲子一周聲稱益重郡守張三異

追祀學宫

范可奇字士穎會稽人萬曆甲戌進士以刑部郎出

守黃州府歲額輸絹民以上不宜蠶率轉貿旁郡可奇見解內有桑試之與吳越無異於是廣課其民或應得笞杖者亦以種桑爲贖三年而宻陰被野且授以蠶書黃之有蠶自此始歲大侵殫力救之終未能濟故事南漕達於京者至黃受代可奇曰荒策在是矣今時方夏夏貸而秋償之不過滯漕舟三月耳大吏未許可奇請身其咎遂以羨米數千石爲救荒計陞廣西副使獠人倚險爲患乃率兵伐木開道平其巢穴北陀崗蠻搆亂羣議勦之可奇發單使往諭即

受約束由是威信遠聞諸蠻無復反側者而積勞成疾方視事卒于公座子紹聖通判紹彦州垣 祀鄉賢

陳性學字寰冲諸暨人生有異資九歲能文登萬曆丁丑進士由行人試貴州道御史提督直隸學政銜文有特鑒兩劾權相悍帥舉朝側目卒中政府忌遷廣東僉事陞山西叅政稅璫恣肆以危言折之丁艱服闋備兵榆東遂乞歸巡撫崔應麒薦以邊才竟引疾不出按性學服官二十餘載歷中外所在有最績其著西臺疏草紫琰山藏稿光裕堂集皆激昂多

文采　祀鄉賢

魯錦字文叔山陰人萬曆丙子舉于鄉丁丑成進士令山陽愛民如子疾惡若仇時實應湖頻覆溺巡撫潘季馴議開新河築堤屬錦董其事計隄千百丈許踰月告竣由是患息人甚感之尋遷定陶令建義倉立義學設義塚皆實心舉行故山陽有實政錄異政錄治陶有治陶錄遷刑郎子濬國學著有梅恒集湘國學著有靜因堂集曾孫棻諸生篤孝友擅文名集諸生有才名兼善書畫栗癸未進士康常元孫諸生

元昊宗黨推爲篤實君子五世孫德升康熙壬戌進
士授庶常予告省親
李槃字用甫號大蘭餘姚人吏部主事貴昌六世孫
性絶警敏父洙庭訓嚴切槃益肆力于學六經子史
百家之言無所不通隆慶庚午以三禮冠于鄉萬曆
庚辰成進士授湖廣承天司理有中官驕橫郡守丞
倅皆卑奉之槃獨與亢禮中官服其剛介反敬憚焉
理承天六載治獄多平反兩司分校得樊玉衡彭遵
古彭好古輩十餘人後皆爲名臣以忤直指使者吉

引疾歸與大史張元忭講學於紫陽陽明二書院父喪服除赴京補官上書數千言切中時弊執政忌之謫山西盂縣尉廵使者聞槃名徵至河東校諸生得曹于汴張應徵卷曰二生皆掇解才也後于汴應徵相繼冠賢書先是楚諸生孫大壯歐陽東鳳試於學使者遺其名槃白學使者曰二生必雋宜令應試及榜發果如所言其精于論文如此巳遷陝西鎮原令時韓藩有積逋數千追呼擾民槃爲請于韓藩悉蠲之又通風角占候之術適中丞閱武狂風折大纛槃

曰此必有以下衆上者亟白中丞歸鎮原修城堡練民兵爲禦寇計未幾果有劉賊殺帥據城叛西陲震動獨鎮原有備恃以無恐撫按交章薦之部議擢整兵曹有沮之者遂不果尋丁內艱歸惟務著書立說發明聖人之道有勸之仕者不答槃自進士起家歷官南北家無餘貲宗族有匱之者及不能婚娶者必多方助之雖田夫牧豎無不知其賢者著有世史類編孔書統編願學邇言大中臆說武德全書正學堂集行世子安世字泰若萬曆乙卯省試第四人天啓

中同邑黃侍御尊素以劾魏閹下獄交遊畏禍及皆引避安世計偕入都獨至獄中握手相慰藉聞者壯之及秉鐸泗州總督史可法奇其才欲舉以代州守固辭乃止崇禎癸未舉于春官釋褐後即旋里布衣蔬食如貧士好吟咏未嘗稍輟時人比之陶靖節著有吹萬軒集瓶梅百咏次盛世字生虞崇禎庚午領鄉薦令清豐居官廉潔流寇聞之相誡曰是不受民間一錢者勿犯也安世子友謙字獻揆至性孝友工詩文有名諸生間後入成均大司成倪元璐深器重

之侍父南還寄跡林泉以此自終友謙子必遴孫淑皆以文學知名于世 祭祀鄉賢

劉毅字健甫山陰人負才自喜多用古文辭故年二十六始補諸生明年萬曆己酉舉于鄉己丑會試第六人是科第一人則陶望齡也除刑曹甲午典試東粤尋調兵部郎督學山左毅既淹古服奇負人文氷鑑甲乙如銖錙不爽雖權要人望風謝去不得以私干之故所拔士多後先策大科至今齊魯間猶稱道之辛丑調福建叅議監視建南有吳建者煽惑白蓮

教聚衆標掠多方緩緝乃定厤官廣東糧署副使上黎情十議于制臺多採用之戊午陞廣西按察使遷本省右藩居無何會謁臺使者以小失禮于毅輒怏怏曰吾顛毛已落盡無幾而猶折腰諸少年乎遂移病歸臺使者覺而大悔亟挽之不得歸數年朝士有推轂者會婦寺表裏正人日錮遂不果又數年而卒前後在官率疆直自遂恥脅息于人不近名不矯節一味率真而所至政績亦自爛然居家敦朴無岸異望之者不識爲貴人性孝友仲兄蚤世事嫂及孤尤摯

生平酷嗜書藏書頗富人有以典故叩者必曰此某集某卷無訛也所著有寳綸堂遺稿八卷

姜鏡字永明餘姚人子羔之子萬曆壬午鄉試第一癸未登進士授行人遷禮部郎中朝臣請册立皇太子皆蒙重譴鏡言册立太子故臣部所職不得其職而不言罪莫大于此疏入削籍爲民光宗即位贈光祿寺卿

孫如法字世行餘姚人鑨之子萬曆癸未進士授刑部主事神宗欲册鄭妃爲貴妃皇長子之母無位號

國本未定如法疏論愷直謂必如姜應麟沈璟等所言亟立皇長子爲太子然後發册封貴妃疏入上震怒貶朝陽典史追册立卒如其言遥望北闕爲之忭舞嘗因里人之災助築海塘自梅市至浪橋遠近德之病卒子有聞以廕入仕光宗嗣位有聞赴闕籲父受貶狀詔贈光祿寺少卿諭祭塋

何繼高字泰寧萬曆癸未進士爲南刑部郎善決疑獄毋多平反南都民謡曰執法無阿海與何海謂都御史瑞也出守臨江大饑載粟平糶設粥以賑減榷

樹永平二鎮權直以通商調知福州府時倭入朝鮮廷閩治兵料食偵諜往返内修守備外破賊株皆賴繼高區畫福清城于山麓不可守擇形便徙築之郡故無廩捐糴米三千餘石益請餉金轉糴至四五萬官吏皆潚福州地瘠米貴南贛臨瑞米賤由贛水走瑞金踰山汎汀順流至福唐石費一二錢自是福無饑民閩撫金學曾歎曰此何君百世功也遷長蘆運使立五綱冊寬徙戍罪三年商籍三倍增引十七萬課錢十五萬滄大祲粥民四月全活無算遷江西參

政湖西旱災以公力得從改折沿江多盜令籍船戶記所受商貨盜遂衰止忽移牒請歸六月卒生平慷慨有大畧博學強識著聖授圖理數解孫子解證瀛東雜軒岐新意風水說治生經范子傳陶望齡曰生四十餘年見博通經濟權千金不恡者公一人而已子孫擢科第成顯名者八人　祀鄉賢

呂繼楩字思楙新昌人萬曆乙酉舉于鄉令慶符敘州府志稱其才大學充氣平量潤名宦目濮迄今僅四人楩與焉又令松溪知道州脩明濂溪之學紀善

政二十有一皆勒之石再補趙州時大僚媢嫉人忌如沸梗抗直不阿左遷漳州府判視篆海澄條陳洋稅十弊商人建祠肖像以祀之雲霄鎮城堡復于隍爲之修築民賴以安及歸老著有風萍集宦遊諸草祀鄉賢

孫繼有字姚峯餘姚人萬曆丙戌進士除刑部主事時吏部侍郎趙用賢爲物望所歸與前後執政相水火黨人鄭材等誣訐之行人高攀龍謂小人秉執政之邪攻擊君子非國之福攀龍降爲雜職繼有上言

姦臣敢于傾善閹臣果于容姦高攀龍楊應宿其爲君子小人較若蓍素今吳弘濟以救攀龍得貶黃紀善吳文梓又以救弘濟得罰凡傾陷善類者日益恣肆輔臣柄國之謂何而異己者疾如仇雠附己者如保赤子賢否倒置不顧子孫黎民莫此爲甚疏入降極邊雜職給事中葉繼美申救之繼有竟削籍其後起用官至知府

俞相廷字中岳新昌人萬曆乙酉中式爲南江令當眘賊肆亂民力疲敝特以緩徵課練鄉勇爲事賊犯

遵義府督師朱燮元統兵進勦見其轉餉艱絕大為褒奬有牛肉烹雞之喻賊入蜀逼邑境城守特周料敵自逼江來必從山麓行豫率民兵伏高山乘其前後隊進滚石推木自高而下斃賊以千計再請援兵躡之城賴以全調雲陽令一時交薦陞御史赴任南都卒于途論者以未竟其才惜之

朱燮元字懋和山陰人萬曆壬辰進士授大理評事慮囚山西多所平反出守蘇州轉廣東督學有巡按御史以二十人令與省試燮元謂士習奔競盡除其

名乃告終養久之陞四川右轄時朝廷有營建事採木於蜀吏多因緣爲奸則第其木之上下簡料之以其不中程者給商人爲運費計旬日而役竣且通省漏籍田悉爲清出歲抵新餉可七萬有奇遇隴右一老人授以風角書并古兵法能傳其觧又内江有羋康民者精數學頗知黔蜀將有事必朱姓者定之及藺賊奢崇明反殺大中丞陷渝州其勢張甚爕元既以覲就道乃返而治兵乘賊懈擊其營大有斬獲始觧成都之圍及犯叙州重慶二府爕元督兵再破之

以功陞兵部侍郎總督川湖陜三省遂入藺州清賊
巢穴牟康民與有籌畫也又黔中水西蠻安氏反與
奢賊相唇齒黔撫方覆歿故上命專征賜上方節制
貴川湖雲廣五省尋以父喪歸明年仍詔總督五省
於是合諸路兵進勦斬奢崇明安邦彦等而安位歸
順黔蜀地始定上便宜九事大約言苗漢相安不宜
以其地置郡縣朝議安位死無嗣欲郡縣之燮元又
上書力爭議始寢然身以勞瘁卒于黔年七十有三
輿論謂其賦性介潔室無媵姬堂無翫好且因材任

使用法嚴明御苗蠻一以忠信故所向成功天啓間雖政在閹寺勞臣之烈寃亦何能掩哉

孫如游字景文餘姚人萬曆乙未進士累陞禮部左侍郎神宗寵鄭貴妃欲假遺詔進封皇太后閣臣方從哲會禮部議如游方署部事特據典故謂古有以配而后者敵體之經妃而后者從子之義今遺詔禮所不載也禮不載則先帝念皇貴妃勞當不在無名之位號臣子體先皇心亦不在非據之崇高貴妃賢而習禮處非其分亦豈心之所安乎時會議東閣

如游遽以一疏出袖中諸大臣莫不愕眙謂事當再思如游曰人生踰少壯仕宦至卿貳死可矣有何不決疏上封后之命遂寢光宗詔封李選侍爲皇貴妃未及舉行不豫如游職禮部尚書同諸大臣候御榻選侍方欲得皇后號要太子且使禮部傳旨如游佯應曰册封儀注臣當次第進呈光宗不爲申諭尋大漸選侍意銜之而止熹宗立以原官晋東閣大學士卒贈太子太保謚文恭

張汝霖字肅之山陰人元忭之子篤學嗜古初鄉薦

爲李廷機所得士大著時名萬曆乙未成進士任廣昌令陞兵部郎副考山東以詿誤去再入仕籍陞廣西叅議獞人出掠協征蠻將軍勦之尋以病歸卒所著有易經因旨四書荷珠錄郊居雜記弟汝懋萬曆癸丑進士令休寧有惠政擢御史官至大理寺丞

王以寧字禎甫會稽人萬曆戊戌進士知宜興下車捕邑豪猾得其尤者斃之法臨淮矦等多以御賜田爲名隱漏正課以寧不畏强禦履畝清丈即請起科得溢米數千石邑中汚萊田不能輸稅者以此抵豁

民頌其德先儒唐彥思周道通萬古齋皆理學源流
爲建崇文書院祀之身與諸生講學其中民行日典
又多置社倉捐俸致粟行之數年大裨荒政遷御史
巡按東粵粵兵餉例取給于鎮市雜稅以故姦胥墨
吏浚民膏髓細至腐草昆虫無不有課以寧疏言其
害罷一切無名征别議措餉粵多訟有司每以贖鍰
媚臺使者復命時頓投鍰數萬乃驚曰鈎金豈爵林
石乎遂會制院倫賑然不以疏聞懼貽後人累也督
學南京滿秩陳情歸部推福建參政時逆璫用事以

寧絶意仕進居三十年卒士論高之祀鄉賢

王舜禺字墨池會稽人萬曆戊戌進士授刑部郎中深究律例曰律死書也而道主生刑法也而道主慈濫獄枉斷緣不識律耳古有律例申明實抵刑書獄政刑戒舜禺合纂其要名宣慈錄時與法曹訊事皆引輕例給事曹學程當刑力救之得免尋遷兵部郎覈軍伍册斥絶饋遺未嘗私一弁擢四川參政會旱災倣常平法以行賑濟又治兵縣左署臬篆爲臺使者所倚重凡大議大役必咨決焉代臬司入覲舉卓

異廷勞賜金累陞工部尚書以勞瘁卒于京邸所遺
敝篋書數卷而已遣官營葬賜謚恭簡　祀鄉賢
俞安性字中卿嵊人思化子萬曆戊戌進士授南昌
推官朝議欲採金江右安性繪地圖陳之始使尋擢
禮曹遷吏垣劾中貴成敬置諸法餘黨搆孽遂左遷
羅定州判時倭踞香山嶼勢猖獗臺使者欲發兵行
勦安性單騎諭以利害倭遁去以邊才補直隸副使
弭密雲邊釁有功陞順天巡撫奏免賦役加派中貴
程登徐貴並爲民害安性上其狀罷人漸知斂迹及

移遼東巡撫爲魏璫所忌矯奪其官崇禎改元以兵部尚書總制薊遼練士卒防要害竭蹶供職朝議苛求之解職歸年八十一卒　祀鄉賢

陸夢祖字瑞庭萬曆戊戌進士令崇宜調丹徒多惠政時有楊少宰養病金山候起居者塡江上夢祖若勿聞少宰入都曰狂瀾砥柱其唯陸其薦拜御史出按八閩疏劾中貴高彩置之法雖調護者甚力弗聽也時魏璫驕橫遂解京兆組歸享年九十卒　祀鄉賢

董元儒字汝爲會稽人萬曆辛丑進士以大名令改

繁濬力開滂田起瘠爲腴授御史劾内官楊奎等朘削商人力除其害巡按西粵粵地㟁蠻稱猺稱獞不一種歲歲出掠元儒以恩威服之後命巡關大修邊墻核將士整頓特過前人進太僕少卿冢宰趙南星疏薦之擢巡撫至粵歲大饑羣盜蜂起方輯綏無恙而身則瘁矣卒於官

徐如翰字檀燕上虞人萬曆辛丑進士歷大同副使是時首輔方從哲恃權黨禍方興如翰具權奸誤國一疏以越職幾罹不測得左光斗救免削籍歸旋起

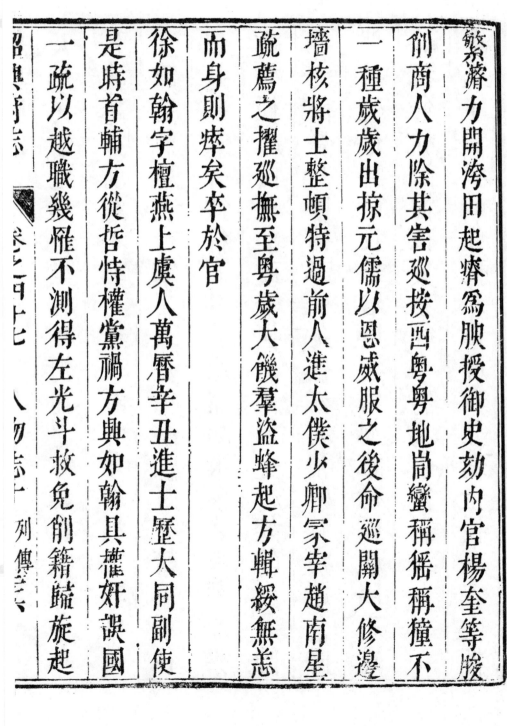

天津兵備魏璫舊里居在河間謂爲桑梓地特令人
致饋絻如翰絕不與通璫且奉旨建坊猶令其給價
直魏良卿居喪肅寧諸大吏往弔獻媚如翰獨不往
由是逆黨皆欲得而甘心焉梁夢環參之致削奪崇
禎登極起陝西參政平固間回回變起如翰與大帥
曹文詔督兵勦捕事平巡撫江北積勞致疾遂乞歸
明統紀存其牘後家居與劉宗周輩砥礪廉隅不怠
至捐金解訟恤孤焚券等事特爲小節云
錢象坤字弘載會稽人萬曆辛丑進士授庶吉士轉

簡討時中官孽芽朝臣角立漸成門戶矣象坤絕無
依附以親老歸省逾十年強半家居久不調亦無慍
色輔臣葉向高雅重之充會試同考官復充經筵日
講循分守職不自炫鬻繼以魏璫竊柄象坤漠然自
處璫不加虐得以閑住歸溪自引慰崇禎改元起原
官會京師有戒嚴事象坤同將士夙夜巡守上微行
察其誠慤特簡之入閣後尋告歸卒年七十有二
董懋史字周璽會稽人玘之曾孫性至孝兄弟析產
讓肥取瘠萬曆庚子舉于鄉授鄞縣學諭獎引士類

多所成名遷國學博應轉部曹以不阿主銓外遷撫州同知三攝縣篆部民多貧富易婚責令完聚風俗丕變因有董外公之謡有小兒誤刻印爲戲繫獄五十餘年力爲平反肖像祠祀遷福建運司甫三月以不建逆璫祠報罷子昭憲諸生隱逸不愧清白之後

王三才字學參蕭山人萬曆辛丑進士授工部營繕司主事釐奸剔弊諸中貴莫敢干以私任山西督學公慎自矢稽學田歲租舊爲使者所入特覈籍發數年存積建倉各庠貯粟以賑貧士後爲山東布政司

使舉卓異晉南京府尹上疏請節冗費裕國用以勞
卒于官贈工部侍郎　祀鄉賢

羅元賓字尚之會稽人少宗伯萬化孫八歲侍尊人
毉藥無倦容補諸生入北雍壬戌成進士授博士時
依附魏璫者諷元賓元賓以一笑卻之至崇禎登極
以公論授御史首疏破從前門戶未幾督屯馬實心
任事按八閩適巨盜鍾斌勢甚熾督撫熊心甚怯主
撫而元賓力主勦寇檄鄭帥兄弟於平林邀之外洋
盜斌赴濤自盡永平寨黃峯隘失事元賓星馳堵擊

賊宵遁所入贖鑊築頹修廢儲器藥而汀城屹然爲金湯所至厭逢迎簡供給薦舉皆公忠爲國遺視河東鹺政以溢額二萬助軍需一時饑夫賴以存活元賓協理考選咨訪皆不妄尋陞操江至則流寇紛沓區畫庚癸置兵采石以距上游嚴賞罰肅文武禁民詞擒江盜疆隅稍稍安緝乃乞骸歸鑑湖往來村落間望者以爲神仙中人甲申流寇陷長安慟哭幾絕賫志以殁元賓平生厚重簡默澹泊寧靜卒之日老稚皆爲悼惜所著有天樂吟奏議諸稿曾孫紹龍爲

郡諸生藉甚有聲

沈綰字仲甫山陰人幼秉異質過目成誦髫齡試輒冠軍丁酉游南雍舉于應天人賀之綰慼然曰吾親耄令始一過竊恐娛親之日短也六上春官不第選六合令六合爲水陸孔道地瘠且衝沿江皆盜藪綰任半載獲盜百餘後以失當事歡遂歸里養性讀書泊如也生平衣食麄糲無他嗜好父母偶疾徹晝夜侍立居喪哀毀過人且建宗塚以埋族人之貧者置祭田供祀事建義學課子姓立義田完婚姻事難枚

舉祀六合名宦仲子懋簡太學生克繩世德志懷利濟崇禎戊辰七月廿三日海嘯居民淹沒者浮屍蔽江捐資掩埋以數千計至於賑饑餉獄培塚完婚皆力爲之終身不倦季子懋庸見義行傳孫引范康熙丁未進士曾孫五鳳五臯並舉于鄉　綰祀鄉賢

呂新周字嶰谷新昌人萬曆丙午舉于鄉授滁牧滁有養馬例民久患之新周至爲均其役黠者無從規避來邑姦民結聚號錐子會嘗以錐刺人肆刼急爲捕治殲其首餘黨悉散滁民立祠醉翁亭畔再祀鄉

琊寺勒石記之天啓間滁紳欲立魏璫碑以頌功德新周持不可事得寢璫亦旋敗人高其節陞大理寺副獄多平反左遷山西通判中官監督居庸關凌轢官吏新周以清愼服職中官亦爲嘆服遷莒州出稚子葛明煌之冤明煌父爲仇家所殺未幾手刃之自投于獄吏議不結乃援漢唐仇殺事例以釋其罪遷淮府長史引疾歸居久而卒

來斯行字道之蕭山人萬曆丁未進士授刑部主事著獄志四十卷代藩爭立禮曹莫敢言斯行疏稱貴

賤有等不宜開廢立之端朝論韙之壬子典試廣西補工部以忤要津出爲永平推官遷餉著績轉兵部郎監運遼海著膠萊河議備兵天津値蓮妖搆亂身率將卒次廣川使子燕禧先驅破之隨克鄒縣擒賊首徐鴻儒俘闕下漸晋貴州按察司時黔中水西蠻出掠省會告急諸苗長惟由阿秧最强斯行察管弁中有素相習於阿秧者授以計令僞爲奔降入內不五日函其首以還由是諸苗無深入意旋以海寇出沒命移福建次年晋右藩尋卒子彭禧燕禧彭以恩

側待父晝策燕以諸生佐父破妖斯行所著有槎菴小乘經史典輿宗譚六種祀鄉賢

張焜芳字九山崇禎戊辰成進士授南平令政成報最召拜戶科給事中特疏爲文震孟請卹典又疏薦黃道周陳子壯惠世揚金光宸成勇諸人才堪大用又疏參橫璫楊顯名等罪惡群小嫉之由是借端鐫級遂拂衣歸與蕺山劉宗周講學于證人會嗣後文震孟卹典得請引薦者次第登用論劾者芟除殆盡皆焜芳先事言之也詔起焜芳官馳驛來京舟次臨

清遇警從者請退舟南下不許慨然曰吾奉命而來
聞警而逐臨難苟免豈人臣事君之義乎斷然不爲
也遂捨舟入城城陷從者更請易服混齊民又不許
遂有衆騎突至擁焜芳見其帥脅之跪焜芳厲聲曰
吾爲天子侍從臣寧屈于汝遂死之同時遇害者焜
芳中表弟王應遴之子觀明也事聞詔贈焜芳大理
寺卿予祭葬祠祀廕子焜芳與陸夢龍爲甚交且結
爲婚姻故其後先之死亦畧相似後黄道周至越誌
焜元璐墓焜芳子名翰請傳道周曰此吾事也號素

緜作徑寸書娓娓竟壽而卒道尙亦可爲不忘平生之交矣

劉永基字止菴山陰人少時見王文成語錄日夕深思及得他氏詮解益有所悟登萬曆庚戌進士任宜興令淸吏胥乾没稅糧𨔼洞庭逋盜聲望甚著境内患蝗設法捕之母王淑人哀民疾苦竟吞蝗入腹病卒于署永基丁艱去士民感涕爲築望來臺又建吞蝗娘娘廟以誌母德後補贛令贛故衝邑一月營兵以缺餉譁逐其主將擁衆劫府獄永基挺身出暫丹

其變且私計曰非用倡亂人以定亂不可乃勸一隊長反罪爲功遂率衆入謝督撫縛其首事者七人置之法及邑大饑設六厰貯賑贑民得甦累陞山西僉事會朝中婦寺交亂恐不免于禍甫掛冠已卽削籍後起爲陝西副使而卒贈太僕諡忠毅子祭差廕一子入監　祠鄉賢

姜逢元字仲訒餘姚人萬曆癸丑進士累遷國子司業經筵進講得大體左都御史趙南星嘗于班行中嘆服之自是小人目爲樹黨壬戌充會試同考官掌

科惠世揚得一隹卷將繕榜知爲所糾士也欲乙之
逄元曰向疑其有弊而糾之今賞其文而薦之益見
大公何疑乎世揚善之逆璫擅政纂三朝要典逄元
爲副總裁閱章奏見邪正分途每閣筆而嘆璫聞之
曰吾固知其爲黨人也令敢抗時以賈直耶郎令閑
住崇禎初起爲詹事上急于綜核大臣多以罪下請
室逄元進講至帝德罔愆言天道風雷少雨露多上
默然是日旨從末減司寇胡應台以爲仁人之言其
利溥及陞禮部尚書與枚卜者九卒有渥之者乞歸

加太子太傅祀鄉賢

李懋芳字國華上虞人萬曆癸丑進士令興化弭盜剔蠹廉正著稱邑人以女私人自焚其廬覔他屍投爐紿其婿懋芳聽斷間立辨姦謀竟獲女于所私家民敬明斷歲旱飛蝗入境禱之蝗悉赴水死爲令六載擢御史魏璫柄國適青廠災璫爲壓救幸全諸廠廷臣皆稱廠臣功懋芳卓然不阿唯歸福朝廷而已崇禎間疏論宰相前後植黨害將在國出之南畿刷卷遷廷尉會流寇告警命巡撫山東護漕轉輸適南

雹災奏謂小人害正所致當軸者銜之劾去其職亡
何後撫失事有仍推懋芳補任者未蒙部議卒于家
王業浩字士完餘姚人萬曆癸丑進士由襄陽令入
爲御史掌首篆中官魏忠賢專恣凡直言者數羅詔
獄業浩疏稱深文羅致實繁株連援以公論不無顛
倒遂大拂忠賢意方擬杖會乾清宮震乃止崔呈秀
希登台鉉議者僉同獨以爲不可閹黨指爲門戶遂
削奪歸崇禎改元擢右通政其時粵寇陳萬鍾霆秀
等有衆數萬據九連山出沒縱掠累歲不能禦業浩

以右都御史總督兩廣集兵擊之勦撫兼施渠魁前後授首餘寇悉平又築連平州城建鎮平縣治不忘善後之策朝議加兵部侍郎世襲錦衣再晉尚書言慈谿劉副使伯淵年百歲爲世瑞應予存問上納之尋以咨訪册薦揚多人涉于濫觴乃自陳致仕卒賜祭葬贈太子太保廕一子

姜一洪字開初餘姚人鏡之子萬曆丙辰進士任教授累遷南京吏部郎出爲江西副使所轄俗多溺女停喪一一變其舊轉河南參政分巡禹州值流賊震動

禹州又以河决民不得耕一洪嘆曰吾不忍撫之將
爲賊有矣發粟行賑使流亾悉返賊魁老回回犯河
北一洪方受任討賊特張疑兵而自率勁卒以當中
堅出賊不意攻之賊遁走境賴以安歷廣東左布政
累陞戸部侍郎甲申聞闖賊變適在衰絰中痛不欲
生破產從劉忠端後未幾而漳浦黄學士以公義見
責遂匍匐應命多所建白而勢不能支賦詩四章以
自吊卒於顗之椰木庵次子廷梧姿度絶異爲文脫
穎而成在羣從中年齒最後而聲華氣宇逈出其前

日求儒雅之士以高文遠韻相酬酢聲名達于江淮徐泗間陳子龍李越郡一見甚相器重漳浦黃學士誦其詩謂司農曰君終爲陶桓公家有潛矣司農死國遂日放林臯絕意仕進配祁忠敏女賢有文章每相與倡和廷梧之詩久而益工將卒之前尚賦長律二十餘篇所著有詩删初集芳樹堂藁全集十二卷子五人兆熊兆驊好學能文有名黌序

張元慶字太初山陰人天衢次子萬曆癸酉舉于鄉甲戌會副第一知灤州操烈懸魚灤民有月俸歲奉

曰此皆赤子膏血悉除之讞獄多異政發倂城寺僧奸殺李妙存狀其一端也遷楊州守治績爲天下最

元慶遂精天文易數著有四書宗旨名儒彙業

姜鎈字仲海餘姚人萬曆巳卯舉於鄉爲諸生從孫司馬鑛學古文辭戊辰受鄞教諭沈延嘉葛世振皆所識拔士待以殊禮勸讀今昔史乘會典律例諸書遷刑部司務見同曹斷獄多峻嘆曰片紙寸管可以生人何不少存寬恕聞者嘆服有大吏非辜論死屬鎈監刑傷之乞終養後補工部主事加員外郎治河

張秋壽告歸嘗曰吾纔動牢騷惟對聖賢書輒衎怡氣定終其身耕鑿於硯田書井足矣更號耕鑿翁生平契洽多當世偉人而尤與劉蕺山思矯當世之弊勉暨清節初黃道周繫獄書孝經百本注疏無一同者鍉徧求諸士大夫間手自繕書寫得七十餘本

孫如洵號木山餘姚人清簡纖次子萬曆癸丑進士㓜而狷齊狹册下帷揮毫輒傾儔輩授刑曹部多疑獄片言立决苟更生者二十餘人督餉關中夙弊頓清晉員外郎决意乞終養歸人謂如洵服官已踰强

壯功名未免熱中乃五十而慕爲世所希覯母年踰百歲而歿如洵爲孺子泣鷄骨廬墓雙鶴來棲人又於此多之制起補工部出守池州民有訟至者諭以情理不忍輕錮囹圄也至奸胥猾吏始示優容廹摘發其隱勿啻燭照恩威不可測土賊盛長等千餘人沿江肆掠令鄉聚守隘親率壯士夾擊一鼓而殲其魁遷山東副使督理糧儲漕政蠹壞已極陳其利弊十條字字肯綮三年而軍民受其益擢祭政駐節濟寧賑饑荒以杜盜源使百姓不敢弄兵潢池者如洵

力也致政歸囊槖蕭然優游林下者數年日以圖書爲伍年七十七而卒施忠介邦耀爲之作傳子有聞字子長以任子歷官主事居喪哀毀于萬山中結廬依墓又奏白繼父忠諫致謫寃詔贈光祿卿有聞有桐竹廬詩文六卷

胡一鴻字季漸餘姚人萬曆庚戌進士授南工曹出知荆州府濵江之田視堤爲荒熟歲久將決一鴻發民修築時驗其勞苦堤城而利百又愼發旱米價商人吏胥不得表裏爲奸劉鋌屯兵境內頗恣鹵掠一

鴻以氣攝之終無所加内艱服除起補武昌小西之
亂推擇爲辰沅副使以主餉事黔中[illegible]之兵待食
于楚二十四金而致粟一石一鴻刱運法爲連珠營
每營距十里迭爲運防輪日番休黔軍得以藉手陸
廣敗没王三善殉難一鴻皆先事言之轉陜西按察
使未任卒督撫以勤事上聞贈太僕卿廕一子
徐人龍字耳猶上虞人萬曆丙辰進士授工部主事
嘗榷荆關商人頌德督學湖南拔楚才甚盛憤魏閹
亂政告終養歸居十二載撫按薦起分守嶺北以卓

巽特勅監軍勳臨藍盜擢僉都御史巡撫登萊偵海
上高麗船焚之慎絕外釁陞兵部右侍郎甲申北行
甫抵淮聞京師寇變遂歸里後以壽卒于家
吳孟明字文徵山陰人承廕爲錦衣千戶進鎮撫司
副理刑時宦官魏忠賢盜國柄以私人許顯純掌鎮
撫刑篆孟明嘗與同事有中書汪文言下獄忠賢欲
致其供詞嗾典大獄以盡殺朝臣之異已者授意顯
純方會訊文言不妄供乃刑掠之十指盡拔其甲呼
曰高攀龍楊漣左光斗等豈非汝黨文言抵痛將絕

似有應聲顯純卽書高攀龍等數十人姓名欲以成
獄孟明曰先晉絶中語猶當再申文言斃而復甦急
索名單且哭且碎之謂高攀龍等無涉乃得免而䰟
黨忌孟明卽逐之歸嘗乘小舟出遊忽舊邏卒來謁
問以何爲卒曰爲何察周汝登劉宗周等閒隙耳孟
明曰昔夏門亭長知憐李固長安石工猶賢司馬今
爾曹豈獨無心耶卒乃唯唯去崇禎改元晉錦衣衛
掌衛事先是文選郎李彬職方郎鄒毓祚拘繫久而
李彬死獄中承問時毓祚贓少上以是怒對曰毓祚

原參三款臣已承其二安敢法外苛求且臣果有骫狥何不坐贓于巳死之彬乃坐贓于見存之毓祚耶竟得報可又蘇郡以復社事指張溥等爲亂黨亟爲具疏救之自是掌篆二年解任進階榮祿大夫年八十卒

祁彪佳字弘吉山陰人天啓壬戌進士司李興化府年弱冠胥吏心易之及理案牘如熟諳者下乃肅然時藩司餉稍稽士卒大譁諸長吏杜門懾息彪佳獨出而諭之期餉以五日給隨討縛數人械送撫軍置

諸法後擢御史巡按三吳有大憝陰圖倡亂旋擒殺之且定漕艓清隱租置役田風采特著尤侃侃多讜論閹臣忌之即告歸居八年從劉宗周講明程朱之學起御史掌簒時劉宗周金光辰皆以直言蒙譴抗疏留之逆舉計典劾銓曹之不法者已而致政歸甲申三月聞崇禎殉社稷嘗以國亡身存爲恥未幾挈妻子入雲門山至所居笑曰山川人物固屬幻影而人生已一世矣時夜半出赴水子理孫夢中似聞闢戶聲尋驚起見案上別廟文併絕命詩急嚮水際求

之苦無跡頃之東方漸明椰陌淺水中露角巾寸許端坐卒矣猶怡然有笑容　祀鄉賢

倪元珙字賦汝上虞人天啓壬戌進士以祁門令調歙時逆璫私人布中外姦民乘勢傾危歙吳榮以僕許其主吳養春久擅黃山利及諸不法遣部曹呂下問乘傳籍其家下問爲璫私人隸役恣暴民一夕鼓譟碎館門下問踰垣走民結聚幾于召變元珙單騎慰諭乃定下問怒無所洩而歸獄邑令璫復遣人馳歙督治甚急元珙據法爭之蓋已身蹈不測矣會逆

璫伏誅乃以考最爲御史首疏黄山一獄以正諸姦罪出按江西攝理兵事平粵寇賜金優叙督學吳中時有指復社爲不軌者朝廷震怒欲剷之元珙言諸士修名矜才無亂迹樞臣以爲黨謫光祿寺錄事不以散秩而忘國是特疏云閣臣分曹擬旨無主名得以逃責請各疏名乃可因事考實奉俞旨特著爲令後遷行人副治盜邸丧歸里病卒遠近悼之

余煌字武貞會稽人天啓乙丑進士第一授修撰以内艱歸篤誠盡孝父性頗嚴急或怒發煌必膝行以

前仰商受掌而始即安其在左春坊念歲頻旱饑逋稅久蠲有司附徵如故特于經筵中極言之命有御史巡行始蘇民困再以省親歸譚及時政輙慷慨流涕不能自已越故有三江閘蓄洩咽喉也歲久傾圮民苦費繁束手浩嘆煌倡議修復不遺餘力山陰汚田潮入爲患乃建閘獮山之麓遂變斥鹵爲膏腴居民德之因三江湯公祠特與配享歲甲申驚聞寇變久之自沉于渡東橋卒

章正宸字羽侯會稽人崇禎辛未進士入庶常動以

名節自砥遷禮科給事中疏劾宰相王應熊不由枚
卜姝非祖制忤旨下詔獄廷臣交章救之得釋歸里
數年起原職已卯典試湖廣拔榜首於廢卷中不失
才士及督催江南餉務剔弊釐奸大濟國用陞吏科
掌垣劾樞臣陳新甲奏革西廠大璫上呼爲鐵漢子
旣而群小側目潛行媒孽一日召對上震怒責以把
持强諍同冡宰李日宣等下獄適去相賀逢聖疏救
遣戍襄陽再起原職尋以丁艱服闋祝髮爲雲遊僧
不知所終

熊汝霖字夢澤餘姚人生時白雲繞屋衆皆奇之四歲始能言六歲親師所與書悉從默識崇禎辛未成進士授福建同安令諸餽遺不受有武弁之富者以盆花二樹來及納之署中則皆金珠飾爲花也郄還之適海外紅毛賊告警即親督舟師迎戰不避矢石卒郄敵以行取召對深稱上旨陞給事中侃侃直言且糾輔臣受賄不職謫福建按察司照磨起復原官在京邸知內侍王承恩忠鯁可任嘗與商確時有譏汝霖爲結交內侍者崇禎殉社稷承恩隨而死之以

是服其知人之明後一意慷慨遇事敢任

潘同春字皆生山陰人父機自餘姚徙居郡城孝友甚著嘗倡築海塘慮潮汐嘗至工無所施望而禱之濤且息遂得竣郡饑鎔卮帶散給之卒年九十同春少嗜學父課之勤而母惜之昏餘令就寢同春用木斗藪其燈俟母寐乃起誦庚午舉于鄉屬王考黃道周所拔士丁丑出馬世奇門道周嘗品署同春有徹骨皆清掇皮皆真之目初守蒲州父書宣聖稱仲氏治蒲三善并自著六諭衍義及勸懲錄示之曰仕君

事也徐當效子職耳同春至蒲鐫衍義傳境内朔望率里耆宣講勸道巳卯分闈所拔多名下士蒲經冦變逋賦至二十七萬父聞之馳諭曰此惟潔巳惠下使其樂趨巳果然庚辰大祲倣監門爲圖請命設法行賑民獲全活晉工部郎韓象雲相國郊餞之曰此州三十年無满秩使君矣非公才品過人曷克有是封父如其官爲聯語示子曰漫謂無官一身輕木食草衣便是千鈞擔荷尚期有子萬事足象賢幹蠱詎非百世規模從兄暘春戊戌進士積官至江西廉使

弟融春庚戌進士終四川左布政

姚應嘉號鏡初萬曆癸丑進士初任行人三列臺班一按漕運親歷水道免數省催舟之煩一巡八閩以淡漠風示下僚所推轂皆一時循吏一照刷京畿積案盡剔時魏崔播歆應嘉卓然自立特進二疏一日聖政綜覈方嚴羣工仰承未恪一日招權納賄者爲敗倫之由掃門入戸者與冰山俱盡疏入魏崔矯旨削奪不爲色沮崇禎踐祚召還原職不爲色喜任太常典祀蠲潔任大理多所平反應嘉自幼端重賦性

耿介六經子史及周程張朱性理諸書無不精曉事親純孝居鄉二十載始終如寒素有簡身靡及之懷享年九十有三群推爲三達尊艮不誣也弟會嘉萬曆辛丑進士亦拜御史

朱光熙字濟明文公後裔崇禎甲戌成進士令揭陽地產毒草愚民每自殺以相傾陷光熙出金錢購毒草盡入于官乃市桑麻之種於江浙間教以機杼始有布帛民乃樂業復禦海患立義塚賑災不俟申請全活者萬餘期滿補樂亭旋召入上手錄一聯寵賜

品題人以爲榮甲申鼎變以後悲憤成疾而卒於塗人皆哀之

孫嘉績字碩膚餘姚人崇禎丁丑進士授兵部主事能慷慨任事尚書楊嗣昌以其知兵薦爲職方司郎中閹人高起潛求世廕嘉績奏革之乃因上閱軍器乘間進讒下之獄會學士黃道周亦以廷杖入獄一切裝齎藥物阻不得入嘉績解衣推食週之甚謹且從而受易焉諸生涂仲吉上書言道周寃上益怒察諸臣有與道周通者槩以黨人論而獄中訐奏謂嘉

績往來甚密上意方欲治黨竟以周延儒再相事得
解起補江西僉事卒于翁州
皇清沈文奎字清遠會稽人世居曹娥村少習舉子
業小試落落無所遇乃客遊遵化值大兵破城挾之
行以才遇
太宗皇帝選士登第一人克秘書院纂修順治元年
扈從入關
特命巡撫畿南群黎安堵次年總督漕務氷蘖自矢
一意以糧糈爲職且時當初定江淮多伏莽文奎綏

轉多方民甚賴之自客遊至順治初與母妻相隔十有八年拜疏迎養骨肉離而得合擢弘文院學士己丑充會試副總裁得人最盛及丁内艱讀禮一遵古法再督漕運會有膠州將海時行之叛率先會勦
朝廷嘉其績晋兵部尚書予廕議以白糧愆期鐫級爲陝西糧儲叅政勞瘁成疾疏乞休卒年五十有七祀鄉賢

胡兆龍字子衮山陰人生有異質童時善屬對或吟咏輒矢口而成順治丙戌成進士以庶吉士習

本朝清書法番譯精工及典史籍凡吏禮兵刑徭賦
所有沿革損益無不洞然出典楚闈試黜浮崇雅殊
號得人
世祖皇帝御試稱詞臣第一以侍講學士纂修
太宗皇帝實錄歷學士參與密勿圓轉無滯
上以是留之左右凡幸瀛臺駐南苑有出必從尋充
會試副總裁所取皆名士爲日講官進大學士一章有
詩紀其事旋纂修
聖訓教習庶吉士署司農甫及二旬勾校一清署銓

政慎絶苞苴門無私謁晉大宗伯贈
上眷有才品端鍊之諭逢時得君誠足尚也無何
世祖皇帝升遐臨喪哀慟積勞成疾今
上登極畀以少宰甫任數月遂予告卒年三十有八
生平奉職忠慎尤克孝道惜乎天不假年未竟其才
賜祭葬廕子　祀鄉賢

吳執忠字匪公山陰人少從父越川遊三韓有文武
才受知親王特簡總理參與政務其時親舊散失者
多方收恤之仰食於執忠者幾百家迫扈從

世祖章皇帝入關定鼎開科取士執忠以宿儒欲辭
職就試　親王慰留之遂與明經之選初令豊潤報
最召拜御史其建白安民止殺用人愼刑諸疏皆關
國家民瘼大政朝廷嘉賴之備兵漳泉輕舸入險宣
布恩威招徠海澄黄梧傾心歸順漳海安瀾復成富
庶再遷備兵懷隆邊鄙晏清穡人豊殖三遷湖廣糧
儲參政値李孽倡亂三省會師征勦供應億萬執忠
跋履行間多方措置士馬懽騰芻秣迅掃朝廷嘉美
執忠功績封父如其官後謝病乞休撫三孤姪俱成

立優游林下者數十載子興祚以無錫令特擢福建按察司廉使超陞福建巡撫持紀綱運籌策叛逆盡爲良民殘疆悉皆安堵至於贖難婦盈億萬歸旅櫬盈千百其撫愛黷如此特命總督兩廣朝廷杅南顧之憂兆民享昇平之福古社稷臣寧多讓焉執忠功德在百世宜其食報之悠遠云 祀鄉賢

陳可畏字伯聞山陰人順治辛卯舉于順天壬辰成進士司李廣信時當兵燹後獄訟繁興可畏涖郡曲爲撫循民賴以安丁酉分校棘闈得士最盛庚子擢

吏部司勳主事遷驗封歷考功郎銓政肅清尋改御史巡視北城追侵地掩枯骨豪强爲之屏蹟又廵視西城剔蠹定役盡除夙弊當時目爲眞御史視醝兩淮轉運得宜商民肖像祀之巳未廵東城值歲大饑倏賑者雲集都下可畏特疏展期自冬迄秋一歲中全活者以數萬計庚申冬

皇上親試臺垣擢可畏居上等掌京畿道建白如陳遷海行蠲免飭守令數十疏俱侃侃有直聲辛酉以勞瘁卒于京所著有思補堂集十卷西臺疏草十卷

三山放言八卷癸丑　予告歸修郡志子大經官
銓部能世其業
徐化成字文候會稽人順治丁亥恩貢歷官廣東河
南左右布政所至有賢聲特簡湖廣巡撫侃侃持風
節大法而小廉爲朝廷股肱臣楚民至今思之
陳景仁字子殷山陰人順治己亥進士
世祖章皇帝御試詩策三引
陛見特簡庶常旋補驗封廉介自持苞苴不入又遷
禮部己酉典試粵東所取皆名宿時河南二程後裔

請如例襲傳士當事者以久廢頗難之景仁獨建議
繕草上宗伯得報可予世秩如故庚戌出知臨洮府
值久旱景仁車轍所届甘澍隨之民稱爲大守雨渭
源縣向苦包荒覞履往勘悉爲蠲免凡數十萬畝後
以勞瘁卒于官老幼皆炷香泣奠日滿戶外先是署
有一鹿常出入侍景仁輿比逝鹿哀鳴不食凡七日
而死又有三白雉翔集柩前環視而雊如不勝其感
浹旬廼去子諸生有譓萬里扶櫬歸後任瀘州州判
張尚字仙羽山陰人父廷璧教授西山人多從之尚

滸凌河時當城破先夕感異夢次日即受知遇廷試第一人出知平陽府陞寧夏糧道平王馬亂即擢巡撫寧夏再調甘肅左遷濟南參政歷山西按察福建右布政陞僉都御史終鄖陽撫治皆有緯績封父如其官　祀鄉賢

馬晉允字晝初餘姚人年十八舉于鄉戊戌成進士以庶常第一人授編修歷少司成署大司成事康熙壬寅奉命賫喜詔出使甘肅道經玉門關有出塞入塞二詩集館中課集道淵堂近體故明通紀兄咸允

亦能文

沈引范字康臣山陰人祖綰見列傳前父懋庸見義行傳母姜宗伯逢元女引范在襁褓中有異瑞祖父皆器之稍長輒究心經史以詩文雄于越當代名流樂與之交戶外屨常滿也又善音律以諸生例入成均康熙丙午舉于順天丁未成進士初授中書甫任

四月遇

兩宮加 號贈父如其官與脩

世祖章皇帝實錄告成進秩受賞壬子典試江南所

拔皆知名士太史彭定求出其門維江南文氣者兩
文簡以後引范足稱焉歷官刑曹每有矜疑終夜不
寐獄是以不寃勞勩卒于官所著有采山堂詩集奚
囊隨筆稿

李平字秩南上虞人補山陰諸生順治甲午舉于鄉
已亥開科成進士選庶常授編脩會試同考充
世祖章皇帝纂脩官年三十六卒孝感熊賜履誌其
墓謂與平同官十年與脩國史共事史館又適同直
編摩校讐之暇從容論學志勤思苦道益明心愈虛

病革寓書以訣屬其子瀛曰知我者唯熊某必請一
言誌吾墓以信後世乎盖闇脩黙識君子云

紹興府志卷之四十八

人物志十一

鄉賢之五 理學

道學之名自宋始道學之有傳亦自宋史始當其時濂洛關閩諸大儒後先迭興遠紹洙泗有宋文運之隆駕軼前代矣作史者表而出之不使混於列傳焉宜也明武宗年間王文成崛起姚江倡明絕學遡濂洛而上之近且從祀 宣聖之庭矣爲郡志者得不表而出之以爲巖壑光哉雖然辟之木必有本水必

有源吾越自考亭來領常平游楊羅尹諸先生或官於斯或寓於斯風之所自者遠矣石子重羽翼乎程朱韓莊節講道於亂世潘太常振響於東陽彼皆生乎文成之先故以世次而先之乃其學則考亭之派也道固並行而不悖也若乎生乎文成之後者孰爲見知乎孰爲聞知乎公論在千百世余小子何敢知焉　舊志張元忭記

宋石𡼏字子重新昌人幼端慤警悟博覽羣書以發明聖學爲已任登紹興己丑進士授桂陽簿遷同安

丞歲饑白府請蠲租酌以便宜民德其惠改知武進
縣有訟數年不决一訊立辨郡守欲爲寓客治第屬
役於縣費鉅萬墩執不可曰剝民膏血以媚人吾不
忍也守怒欲中以法民數千人相與詣郡伺守出遮
道號訴至有褫其襜帷者守不能禁因更調尤溪縣
時學校久廢墪延其友古田林用中來掌教事旦夕
率佐史賓客往臨之開陳理道諸生莫不感奮他郡
士有裹糧來學者至不能容乃爲拓地廣齋舍置田
數百畝贍之吏考古制舉行鄉飲酒禮於是士咸知

學而民俗大變監察御史陳舉善丞相史浩先後薦於朝有旨召對首陳君道與天地準言甚剴切上嘉納之累遷太常主簿代朱熹知南康軍未行熹使浙東聞新剡饑民轉入台境亟以屬墪墪毅然任之不辭勞劇所全活甚衆熹曰此儒者康濟之效也墪天性高邁究心理學與熹友益講明經傳宗旨盡得其精與發爲著述簡明醇粹多與熹合所著中庸集解熹嘗采之爲中庸集註又別爲輯畧以存諸儒之說而墪尊經衛道之功益彰矣一時學者多師事之熹

嘗呼曰子重兄及卒爲誌其墓有文集十卷集周易大學中庸解數十卷傳於世嘉靖閒郡守洪珠特建書院于鼓山崇祀而表章之祀鄉賢

元韓性字明善會稽人魏公琦八世孫高祖膺胄始家于越性天資警敏七歲讀書數行俱下日記萬言九歲通小戴禮作大義操筆立就文意蒼古老宿驚異及長博綜羣書尤明性理之學四方學者輻輳其門延佑初以科舉取士學者多以文法爲請性語之曰今之貢舉悉本朱熹私議爲貢舉之文不知朱氏

之學可乎四書六經千載不傳之學自程氏至朱氏發明無餘藴矣顧力行何如耳有德者必有言施之場屋直其末事豈有他法哉其指授不爲甚高論而義理自融見人有一善必爲之延譽及辨析是非則毅然不可犯出無輿馬僕御所過負者息肩行者避道巷夫街叟至於童稚厮役咸稱之曰韓先生韓先生云辟薦皆不就務自韜晦縉紳大夫有事於越者必先造其廬得所論述卽以爲繩準天曆中門人李齊爲御史力舉其行義而性巳卒矣時年七十有六

朝廷賜謚莊節先生所著有禮記說四卷詩音釋一卷書辨疑一卷郡志八卷文集十二卷　祀鄉賢

明潘府字孔修上虞人自爲諸生讀濂洛書卽慨然有志成化丁未成進士憲宗崩敬帝踐祚哭臨二十七日禮官請如制易服敬帝素服如故朝臣服吉者皆趨出易素百日又如之禮官愈請從吉府乃毅然抗疏勸行通喪其畧曰仁莫大于父子義莫大于君臣子爲父臣爲君皆斬衰三年仁之至義之盡也堯舜以來自天子至於庶人一用此道漢文帝事不師

古遺詔短喪景帝苟從綱常墮地晉武帝欲之不能行魏孝文行之不能盡宋孝宗鋭志復古易服之外猶執通喪然能行於上不能行於下未足爲聖王之達孝也憲宗皇帝奄棄四海臣庶銜哀陛下至愛由衷痛切肝肺柩前卽位三請始從麻衣視朝百日未改此一念天理之發也伏乞力排羣議斷自聖心定爲三年之喪詔禮官博士叅考載籍使喪不廢禮朝不廢政合於古不戾於今行於上可通於下則大本以立大經以正子化於孝臣化於忠使天下萬世仰

爲三綱五常之共主顧不偉哉剴切數千言親友疑
懼沮以昭代祖訓勸行三年之喪者斬府不聽疏竟
上衰絰待罪詔輔臣看詳並泥成說禮部侍郎倪岳
獨贊决之定儀注三年不鳴鐘鼓不受朝賀朔望宫
中素服舉奠梓宫發紖府獨衰絰哭送衆皆目之由
是敬帝孝德感動中外而府名重海内矣出知長樂
五年有惠政遷南兵部主事陳軍民利病七事父憂
服除補刑部值旱蝗星變寇深入孔廟災上内修外
攘以謹天戒疏又上救特十要凡所陳金關國體切

時宜多見採納以母老乞南再疏得請改南兵部歷武選郎中宿弊盡洗尚書馬公文昇去兵部掌銓素知其賢超拜廣東提學副使奉母以往值歲大比考校嚴明士習大振時滇南晝晦七日楚婦人鬚長三寸上弭災三術疏不報尋以母老乞歸命未下輒昇板輿就道僚友追餞嘖嘖稱盛事歸無何母卒會逆瑾亂政遂堅臥不起嘉靖改元臺省交薦進太僕太常少卿致仕兩上疏謝因言修明聖學及中興治要惓惓忠愛老而不衰卜居南山踰二十年闢南山書

院聚徒講學遠邇鄉慕布衣蔬食足不入城市唯修正五經四書傳註及周程四子之集參互考訂凡爲書二十餘種所著素言士類競傳誦之嘗識董文簡玘於髫年妻以女及文簡已貴顯猶以未滿所期爲惜歿時年七十三部使者請於朝特賜祭勅有司營塋葬異數云　祀鄉賢

王守仁字伯安餘姚人父華歷官南吏尚書母鄭孕十四月而生生六歲始能言穎異頓發弘治巳未登進士時有彗星及邊警上疏論時政極剴切明年授

刑部主事日事案牘夜歸必燃燈讀經史過勞苦得疾歸闢陽明洞與山人王文轅許璋輩靜坐爲養生久之漸悟外求之非甲子聘考山東鄉試改兵部會湛若水遂與定交共明聖學正德初逆瑾專橫擅逮南京諫官抗疏論救縛杖闕下幾死謫龍塲驛丞始至茇叢棘間蠻猺相與伐木爲何陋軒玩易窩以居日夜端居默坐澄心內觀一夕忽大悟踊躍若狂以所記憶五經之言證之一一脗合獨與考亭註疏相牴牾因盡取考亭諸書閱之見其晚年論議已自深

悔至有誑已誑人之說乃益卓然自信以致良知爲
聖門秘旨體究日精益洞明無礙安宣慰頗抗朝命
移書折之輙斂聽庚午起令廬陵甫六月教化大洽
是年瑾誅歷遷吏部主事日與士大夫孜孜問學有
僚友執弟子禮者尋遷南鴻臚卿門人日進南贛賊
起朝議用兵兵部尚書王瓊力薦之拜僉都御史往
撫南贛汀漳當是時宸濠久蓄逆謀結羣盜爲爪牙
四出剽掠聚衆至數十萬諸撫臣相視莫敢誰何守
仁至贛日夜練兵教射名討洞賊實以備濠且請勅

便宜行事尚書瓊特議悉從所請由是進攻橫水左
溪桶岡浰頭諸崗巒悉平之軍威大振班師至贛開
書院日進諸生講學不輟又設社學立保甲絃歌之
聲徧嶺北己卯六月奉旨勘事閩中至豐城聞濠反
急走小舸還吉安濠遣兵追之不及遂與知府伍文
定倡義討賊檄列郡勒兵會樟樹謂當俟濠出先克
省城擣其巢穴彼必歸援我師邀擊擒之必矣未幾
濠果出攻南康九江圍安慶不下鎮兵四集分隊攻
省城之七門克之於是下令除賊黨封府庫收印綬

安脇從釋被繫表死難分兵防守濠聞果解圍反顧
鎮兵逆戰於樵舍縱火夾擊大破之擒濠以歸將北
上獻俘而邊將內臣俱至爭功構飛語中傷時武宗
駐蹕南都守仁竭力殫精進退維谷賴內臣張永調
護得免四乞省葬不允先是毎疏捷必歸功瓊謂能
先事爲計輔臣遂不悅世宗登極特降璽書召赴闕
輔臣嗾言官論止其行遂力求歸省許之是年冬始
議加尚書封新建伯壬午丁父憂居越六年竟不復
召四方從遊之士輻輳於稽山所在宮刹幾滿時論

益嘅然詆爲僞學亦不顧常語諸生曰不患言謗唯患以身謗廣西岑猛之亂遠近震動馳檄起爲總制往討以疾辭舉胡世寧李承勛自代不允遂輿疾赴廣至則撤防兵解戰甲開示恩信賊黨盧蘇王受率衆來降思田平又用其衆破入寨克斷藤峽俘獲殆盡因設縣治增城堡與學校事竣乞歸至南安而卒時年五十有七輔臣桂萼憾未已疏言擒濠攻城多戮無辜奏捷誇張已甚又斥其學術詟士習遂有詔停恤典革其世襲公論憤鬱數十年隆慶改元廷臣

以請乃追贈新建侯賜祭塟謚文成給券世襲萬曆甲申採廷議從祀孔廟守仁天資超絕少喜任俠長好詞章仙釋既而以斯道爲己任以聖人爲必可至平生無一時一念不在於學雖軍旅劻勷中毋與諸生相對笑談指揮不動聲色歷經危變益信良知眞足以忘患難出生死故晚年時時舉以示人嘗曰吾此學從百死千難中得來豈可易說又曰無善無惡心之體有善有惡意之動知善知惡是良知爲善去惡是格物此其徹上徹下語也或言以公氣節文章

政事勳業足蓋一世只除却講學一事即是完人守仁答曰某但願從事講學不願其他人謂守仁豪傑之才聖賢之學明朝理學諸臣無出其右所著有陽明集居蠻集五經臆說大學古本旁註及門人所記傳習錄道學抄所纂則言行於世

徐愛字曰仁餘姚人正德戊辰進士出知祁州遷南京工部員外歷郎中愛娶於王蓋文成之妹婿也弱冠領鄉薦適文成謫龍場歸論學於稽山愛深契之遂納贄稱弟子奮然以聖學爲已任後數年壬申文

成自考功遷南太僕愛亦自祁遷南工部同舟歸越論大學宗旨益踴躍痛快如狂如醒者數日傳習錄即是時所編也其自叙云愛因舊說汩沒始聞先生之教實駭愕不定無入頭處其後聞之既久漸知反身實踐然後始信先生之學爲孔門嫡傳舍是皆旁蹊小徑斷港絕河矣如說格物是誠意功夫明善是誠身功夫窮理是盡性功夫道問學是尊德性功夫博文是約禮功夫惟精是惟一功夫諸如此類皆落落難合其後思之既久不覺手舞足蹈既而與文成

同官南都愛性最警敏聞言即悟又善發其旨時四方同志雲集文成至不能應每令愛分接之咸得所欲而去文成有南贛之命愛亦請告歸方與諸門人謀耕霅上之田以待其師而竟以疾終矣年財三十有一也訃聞文成哭之慟愛嘗遊南岳夢一瞿曇撫其背曰爾與顏子同德亦與顏子同壽文成每語輙傷之在祁值劉六劉七之亂有保障功嘗疏陳十事多見采納居南工廉勤克舉其職其墓在山陰之大峯山而子孫微矣　浙江通志書官爵誤○祁鄉賢

季本字明德會稽人少受春秋於其兄本遂以經名諸生中弱冠舉于鄉尋丁父母憂自是家居者十二年未嘗一日釋卷於書無所不讀每讀一書必竟其顛末乃已而師事新建獲聞致良知之旨乃悉悔其舊學而一意六經潛心體究久之既浸溢懼學者騖於空虛則欲身挽其敝著書數百萬言大都精考索務實踐以究新建未發之緒歷仕與處從游者數百人時講學者多以自然爲宗而厭拘檢因爲龍惕說以反之大都以龍喻心以龍之驚惕而主變化喻

心之主宰常惺惺其要歸乎自然而用功則有所先
間以質諸同志或然或否卒自信其說不爲動始以
進士理建寧務在平反無成心及召爲御史以言事
謫升沉者二十年止長沙守其爲政急大節畧小嫌
絕不知有世情卒以是齟齬而歸歸二十餘年家徒
四壁立借居禪林以著書談道爲樂卒之年七十有
九矣疾且革猶進門人於榻前講易孳孳如平居時
其爲人表裏洞達無城府人人樂親之殁既十餘年
而鄉人士益思慕不已相與建祠禹蹟寺西林顏曰

景賢又買田若干畝以供祭祀所著書十一種（廟制考義、春秋私考、讀禮疑圖、四書私存、孔孟圖譜、樂律纂要、律呂別書、著法別傳、說理會編、詩說解頤、易學四同）凡百二十卷藏祠中　祀鄉賢

舊志張元忭曰自文成倡道稽山一時從游之士無論四方即吾越且百數十人今所為傳僅徐季兩公何寥寥也蓋兩公者省志邑志之所已載且其人歿久而論定矣其他賢者固多而舊乘未載固未致遽入也乃若姚江錢先生德洪山陰王先生畿兩先生者及門最先聞道又最蚤始以從學既復以奔喪兩

停廷試不急於進取巳久爲之植遺孤攝家政不啻若父子文成殁數十年而良知之緒緜延不絶天眞水西創祠聚徒若文成之未喪其尊師衛道之功安可泯也而王先生壯年斷欲勇埒上蔡其所見解尤超元入微不落階級兩先生皆有會語數十卷雖途徑稍别要於師門宗旨各有所承不信今必傳後無疑者顧余拘儒也竟未敢破例而爲傳尚有俟於後之君子焉

錢德洪字洪甫餘姚人初王文成講學士鮮知者德

洪一聞其槪卽奮然曰此絕學將興矣遂志求之得
下手工夫精進勇猛視諸子特敏文成稱其有得嘉
靖丙戌舉于禮部不就廷試而歸與山陰王畿力學
不怠是時興起者衆而德洪與畿傳習最蚤學者或
不能領悟於師則叩其一二語以求嚮往姚江之學
德洪多羽翼功壬戌成進士文成卒終喪三年而後
出除蘇州府教授歷轉刑部員外翊國公郭勳恃寵
而驕上遊西山召之不至下勳獄德洪以刑部論勳
當死上惡其峻法亦下之獄德洪曰執法而死所願

也思親數千里殊難爲懷御史楊爵都督趙卿亦適在獄進前日箕子明夷文王羑里先生之今日也黄覇夏侯勝嘗受書於獄某等願從子受易德洪爲闡其義久之出獄隆慶初詔復原職進階朝列大夫前後行藏歷宣歙江廣間主講席二十年世稱爲緒山先生卒年七十九子應樂爲縣令

王畿字汝中山陰人學者稱爲龍谿先生正嘉間王文成倡明理學以致良知爲宗畿首授業焉弱冠領鄉薦後試禮部旣雋不就廷試而還文成以來學甚

衆未能徧指授屬畿分教之文成論學每提四句爲教法無善無惡心之體有善有惡意之動知善知惡是良知爲善去惡是格物畿謂師隨時立教謂之權法未可執定體用顯微只是一機心意知物只是一事若悟心是無善無惡之心意卽是無善無惡之意知卽是無善無惡之知物卽是無善無惡之物盖無心之心卽藏密無意之意則應圓無知之知則體寂無物之物則用神天命之性神感神應惡固本無善亦不得而有也時文成將有兩廣之行晚坐天津橋

上因以所見請質文成曰四無之說爲上根立教四有之說爲中根以下立教汝中所見是接上根人教法但吾人凡心未了雖已得悟不妨隨時用漸修工夫所謂上乘兼修中下也曁文成平思田歸卒于南安畿聞變不赴廷試定服心喪三年畢壬辰始赴廷對聞有庶常科道之選引避不應授南職方主事樞臣夏言建議欲選宮僚其婿首薦畿亦不以一刺往心甚銜之詆爲僞學故名雖高仕竟不達然終不以是動心而孳孳以講學爲務所至接引無倦色卒年

八十有六祀鄉賢

徐珊字汝珮餘姚人嘉靖壬午舉人從王文成學癸未會試策士以心學爲問蓋陰寓予奪之意也珊見策問卽嘆曰吾烏能昧吾之所得以幸時好乎不對而出聞者高之曰此尹彥明之後一人時錢德洪亦不第與珊歸見文成文成喜曰聖學從此明矣德洪曰時事如此何見其明文成曰吾學豈能偏語天下士今會試錄雖窮鄉深谷無不見也吾學旣非天下必有起而求眞是者珊深然之後官辰州同知

夏淳字惟初餘姚人四歲失母不爲繼母所愛髫年講孝道始於事親終於四海泫然流涕曰今有母未得歡心况云四海乎自是事繼母益孝從王文成聞良知之旨大有感悟嘉靖戊子舉於鄉敦行日進時魏莊渠主天機天根之説淳曰天根天機一物二名言靜爲天根動爲天機則可若謂靜養天根動察天機岐動靜而兩之是所執有端矣非所以語性也後判肇慶府遷思明同知立社學以禮教爲急卒於官

以上舊志

張元忭字子藎號陽和山陰人父天復爲禮部郎侍父左右即能識搢紳中臧否楊繼盛被戮以文遥哭之聞王文成良知之解每心契焉隨登賢書後父以雲南副使爲忌者所中詔逮訊元忭馳京師辯其冤一歲往返者三始得救而年踰三十髮種種白矣隆慶辛未登進士第一官修撰仁宗御極客星經天其時臺諫有以直言被放者元忭疏救之及爲經筵官諸所進講求其裨益國是生平以忠孝自許每云世之學王文成者多事浮論宜歸于力行又言朱陸之

學本一源取朱子詩有與文成合者彙成一編以正
異同之說而天性剛介不屑媕阿其成進士固出江
陵相張居正之門也歲時一謁旅進退而已至議賦
役法及先賢從祀禮皆侃侃言之居鄉則與學者辨
人才商世務一時期以公輔借限於天年五十一而
卒官左春坊諡文恭特祠與孫鑛同脩紹興府志與
徐渭同脩會稽縣志所著有雲門志畧山游漫稿槎
間漫筆不二齋稿志學錄讀尚書攷讀詩攷明大政
記子汝霖汝懋俱登進士元忭祀鄉賢

周汝登字繼元號海門嵊人弱冠師事山陰王畿
示以文成之學啓迪間輒多領悟萬曆丁丑進士授
工部主事督稅蕪湖内部方議增稅倍舊額汝登不
忍橫征讁兩淮運倅時商民皆健訟不習禮爲講鄉
約刻四禮圖說訓之又建學鹺場集生儒身自提撕
習俗丕變陞南吏部郎與諸搢紳講學暢良知宗旨
出任廣東僉事歷太僕少卿爲滁人修禮學置義田
晉戶部右侍郎致仕歸前後執贄士以千計悉端其
所學年八十三詔起工部尚書未任卒賜祭葬著有

詩學解聖學宗傳王門宗旨等書并修嵊邑志祀鄉賢

陶望齡字周望號石簣會稽人宗伯承學第三子母董夢雀噪于庭而生望齡萬曆癸酉以第二人舉于鄉己丑會試第一人廷對第三人授編修讀書秘館專致力於聖賢之學辛卯予告南還與弟奭齡終日論學寒暑弗輟甲午補原職預修國史撰開國功臣傳乙未分校禮闈得湯賓尹十有九人皆知名士已何復請告返里與剡溪周海登講學靡間每自指膺曰吾此中終未穩讀方山新論手足忭舞趨語[illegible]

吾從前眞自生退屈矣戊申丁父艱服闋奉母北上補中允撰制誥陞侍講典試留京得王納諫後爲名臣俄而妖書事起詞連一二大臣內庭震怒勢不可測望齡力言之當事乃得解初黃平倩歸時握手語曰子爲嚆矢吾亦從此逝矣至是歸志益切乃杜門乞骸骨報聞不允望齡曰吾小臣而見留此殊恩吾不可不仰體君心然業已許吾友矣柰何蹠再上乃得請朞年復起國子監祭酒望齡力謝乃以新銜在籍戊申母病憂勞成疾相繼而卒居者室嘆行者道

悲僉曰某公且死吾輩無與爲善矣望齡服膺文成之教常稱曰文成躬挺上智頓獲本心其施于用也皆日用飲食之常著明深切之教也古今道統更數千歲而天乃以濂洛還孔顏姚江還伊周非妄說也其大指具勳賢記及聖學宗傳序中所著有制草歇菴集望齡一生淡漠寡慾無子繼弟輙齡子履平爲嗣望齡計聞督學陳大綬即檄崇祀黌宮併陪祀文成之廟又祀諸虎林書院給事周宗建疏請建祠于山陰之筆飛坊稱其清愼恬淡不受滋垢學派接王

文成歸嚮契錢德洪宜與兵部許孚遠一體予諡諡曰文簡而承學之諡恭惠也適在一詔中亦稱盛事嗣子履平字水師少時即從父講學陽明書院闡明性道長而好學博通群籍游南雍望齡門下士爭先饋遺皆堅辭不受有欲爲其鄉舉地者慨然曰文章自有眞遇合奚可强也遂不與試而歸絕意進取專精著書增補字彙註解五經考訂詩餘慕白居易之爲人故其詩近之而古風尤勝年七十餘手編先人遺稿未嘗釋卷　望齡祀鄉賢

陶奭齡字君奭號石梁會稽人承學第四子生而近
道持身制行不規而圓不矩而方爲文學日卽主張
正學周汝登遺之書曰願丈出而振作此會爲後來
作前導爲吾道計無窮又與望齡奭齡書曰陽明書
院之會望二丈儼然臨之越中一脉難令斷絕居乎
惟讀書靜坐非正論格言不發也兄弟自相師友唱
和一堂學者稱爲二陶萬曆癸卯舉于鄉授吳寧學
博俗甚澆作正俗訓上臺使行之風爲之易遷肇慶
推官辯誣盜釋冤獄人頌爲神明左轄陸問禮以大

討索無狀吏奭齡曰南陽實無必欲則無如職者且說人長短以媚人奭齡不爲也又預識陳洪之敗措置戰舸謹守要害海寇得平晉濟寧守奭齡曰陶子而孔尚堪執手扳引郵官津弁走車馬舳艫之前乎馳歸不起作聖訓六條解召宗人訓之與劉宗周講學陽明祠及古小學否賛祠曰證人會宗周赴召奭齡致書曰願先生安其身而後動易其心而後語俾天下實受其福若夫矜名節如鵰鶚横秋使人望而畏之此小臣之所爲務非大臣事也宗周撫然曰此

眞格人之言也𬱖齡又曰文成一良字專對考亭而發吾輩但可言致知門人王朝栻秦弘祐徐廷玠諸人輯爲語録歳丙子詔京朝官各舉所知或薦𬱖齡劉宗周謂陶其非守令才重則正席戍均輕則加銜六館庶可展其所學與王業浩金蘭合辭移吏部已而寢不行將殁之夕猶講衛風一章端然而逝劉宗周率門人哭之私謚曰文覺所著有遷改格喃喃録今是堂集子履肇孫景旦世傳家學 祀鄉賢

劉宗周字啓東號念臺山陰人父坡號秦臺蚤卒母

章年二十七在娠五月而生宗周生而端肅及長卽
以聖賢自期萬曆丁酉以會稽諸生舉于鄉辛丑成
進士榜發次日母卒於家聞訃號慟奔歸以毋節聞
嘗事詔建坊萬安里師事許孚遠首致力于存天理
遏人慾甲申除行人司行人以祖焞年邁疏乞終養
侍祖疾四浹旬不交睫居憂日邦君大夫不得望見
顏色部使過之匿勿見而四方來學者甚衆旋以過
哀致疾邑令趙士諤造寢拆見幃帳百結敝衾敗絮
心佩服焉服除起原官奉命封益藩上宗藩六議時

顧憲成高攀龍講學東林書院群小力爲詆謗宗周疏陳本末究言學術流弊不報南臺孫光裕攻之以病免歸居家弟子月益進講學不輟御史韓浚以按浙時就見不納劾比少正卯而歸子顧劉廷元繼之欲置之死時趙士諤入爲考功郎爲白冢宰乃免熹宗即位陞禮曹逆璫魏忠賢用事宗周蒞任九日首劾忠賢與客氏朋比亂政忠賢大怒矯旨廷杖葉向高救之未幾陞光祿丞復擢尚寶卿尋轉僕卿一歲三遷固辭不許再疏移疾乃以太僕予告明年陞左

逼政時忠賢盡逐諸君子宗周又疏劾忠賢大逆不法忠賢恨之詔斥謫籍爲編民追奪誥命歸家一意講學静坐讀書頓見浩然氣象知作聖必由慎獨直揭慎獨爲心要時傳逮文震孟姚希孟及宗周獄且具會京師有王恭廠之變又值吳門士民擊殺緹騎以此得免崇禎登極詔復原官給還誥命陞京兆尹上疏請重事權要以久任謁文廟大會師儒示以聖賢爲學之要延三老啬夫咨地方疾苦發奸吏乾没置之法又捕勲貴家人豪横不法及舞文犯禁者按

治如律須布文公四禮俾鄉鄙服習遇中貴梨園什具責而焚之輦轂一清又上疏撤煤米諸稅發內帑賑饑民躬自慰勞遵化逃歸之人有以遷都動上者宗周頓足曰乘輿一動社稷危矣乃詣皇極門叩頭請面陳扶服終日上傳旨報罷乃出又疏糾周延儒溫體仁傾側事上之罪下詔切責將解任以羨餘置學田二百畝以給諸生凡三乞骸骨始得告出都門所擔兩簏中貴人見而駭曰真清官也居家集同志會講首闡人人可為聖人之旨以證人名堂同主會

者爲陶奭齡重修古小學祀尹和靖明伊洛主敬之學明年枚卜閣臣召宗周馳傳入京疏辭不允抵京召見上謂閣臣曰如劉宗周眞可寄大政爲人所阻不果用授工部侍郎上書乞休得請會昌平之變焚陵寢宗周上疏言禍敗之由咎在體仁上怒斥爲庶人辛巳起少宰晉左都抵京召對問職掌事宜宗周曰都御史之職在于正己以正百僚使大臣法小臣廉紀綱肅憲度一則民生安而天下化成矣遂手定憲綱以示諸御史無何熊開元姜埰之獄起宗周入

朝吕言其事聲徹殿陛上震怒詔奪官歸郡之天樂鄉蘇溪壩水通江潮爲患捐貲築茅山閘與三江閘爲表裏甲申闖賊陷都城門人告變宗周跣而號曰諸生斬我頭以謝先帝遂荷戈出抵會城諸生及子汋從之泣告撫軍責以誓衆勤王撫軍難之稽遲時日乙酉六月宗周慟哭曰此吾致命時也門人曰先生欲死此非死所遂起謁家廟出居郭外舟中叩頭曰臣已老不能報國願以一死明臣義遂投河中舟人掖之而起進鳳林辭祖墓自此勺水不入口唫絕

命詞曰留此旬日死少存匡濟意決此一朝死了我平生事慷慨與從容何難亦何易張應鰲在側勉之曰學問未成全賴諸子六月丙戌命家人扶起幅巾葛衣北向臥以示不忘君也越二日而卒絕粒者二十日勺水不入口者旬有三日初殯于鳳林以補盧墓三年遷于下蔣與夫人章氏合葬焉宗周之學以誠意爲主以慎獨主敬爲下手處折衷諸儒以上接孔孟所著有讀易圖說易衍古易抄証學雜解儀禮經傳考次古學經古小學通紀古小學集記聖學宗

要合璧聯珠明儒道統録陽明傳信録方正學録選人譜人譜雜記金鑑録保民訓要鄉約小相編憲綱規條大學叅疑鄉賢考文集年譜皆原本性命闡明聖賢有關世道人心爲宇内道學之宗子汋字伯繩補文廕自幼謙謹言動不苟及父殉節治喪畢隱居剡溪之秀峯後遇警歸坐蕺山小樓杜門謝客編輯遺書寒暑不徹終日茹茶服素鄉黨咸稱爲貞孝先生

宗周祀鄉賢

紹興府志卷之四十八終

紹興府志卷之四十九

人物志士

鄉賢之六　儒林前

前史傳儒林復傳文苑蓋析而二之也吾以爲道德文章皆儒者事也故并之爲儒林焉夫文行兼優者上也其次則行優於文又其次則文優於行是皆無愧於儒者也傳之以章範也若夫圓冠句屨以號於天下曰儒而行無可述文無可傳是則鄉人也已矣奚其儒奚其儒

漢王充字仲任上虞人少孤鄉里稱孝旣長卒業太學師事班彪家貧無書嘗游市肆閱書一見輒能誦憶遂博通百家言後歸鄉里屏居教授仕郡爲功曹以數諫諍不合去迺閉門潛思絕慶弔之禮戶牖墻壁各置刀筆著論衡八十五篇破經傳宿疑解當世盤結蔡邕至吳始得之恒秘玩以爲談助同郡謝夷吾上書薦之肅宗特詔公車徵病不行時年七十餘矣復作養性書十六篇永元中卒　祀鄉賢

趙曅字長君山陰人少嘗爲縣吏奉檄迎督郵曅恥

之遂棄車馬去到　犍爲訪杜撫受韓詩究竟其術積二十年絶問不還　家爲發喪制服畢卒業乃歸州召補從事不就後舉有道　卒于家著吳越春秋詩細歷神淵蔡邕至會稽讀詩細而嘆息以爲長於論衡既還京師爲學者誦而傳之

吳虞翻字仲翔餘姚人孫策取會稽翻歸策以爲功曹然禮之如友翻好諫策多用之巳乃出翻爲富春長策薨州舉翻茂才漢召爲侍御史不行曹操雅重翻辟之罵曰盜賊乃欲以餘財汚良家耶孫權統會

稽拜騎都尉數直諫權不能用坐徙丹陽涇縣賴呂
蒙釋還拜侍御史又以戇觸權徙交州而卒翻在交
州十餘年講學不倦門徒常數百人翻高祖零陵太
守光曾祖平輿令成祖鳳父日南太守歆及翻五世
傳易翻所著書甚衆於易尤精孔融見而歎曰覩仲
翔之易則東南之美豈徒會稽之竹箭耶翻十一子
汜封餘姚侯忠死節宜都聳仕晉爲河間太守清虛
無欲進退以禮抽引人物務在幽隱孤陋之中疾俗
喪祭無度爲之樽節族黨並遵行之昺爲濟陰太守

抑強扶弱甚著威風

謝承字偉平山陰人洽聞强記一覽不忘以女兄爲孫權妻仕吳官至武陵太守撰後漢書百餘卷子崇最崇楊威將軍最吳郡太守並知名

闞澤字德潤山陰人究覽郡籍兼通曆數孫權稱尊號以澤爲尚書遷中書令加侍中赤烏五年拜太子太傅以儒學勤勞封都鄉侯每朝廷大議經典所疑必咨訪之性謙恭篤愼官府小吏亦與抗禮人有非短口未嘗及容貌似不足者虞翻稱澤曰闞生矯傑

蓋蜀之楊雄又曰闞子儒術德行亦今之仲舒也權嘗問書傳何者爲美因對賈誼過秦論最善旣卒權痛惜數日不食

徵崇字子和隱于會稽治易春秋左氏傳兼善内術本姓李遭亂更姓遂躬耕以求其志好尚者從學所教不過數人輒止欲令其業必有成也

朱育山陰人少好奇字造作異字千名以上仕郡門下書佐太守濮陽興正旦宴見掾吏問昔王景興問士於虞仲翔而未覩仲翔對也書佐寧識之乎育因

舉成論開說州治沿革條答詳敏太守稱善育後仕
朝常在臺閣爲東觀令加位侍中推刺占射文藝優
絕
晉虞喜字仲寧餘姚人父察吳征北將軍喜少立操
行博學好古郡屈爲功曹舉孝廉秀才司徒辟公車
徵拜博士皆不就同邑賀循者先達貴顯每詣喜信
宿忘歸自云不能測也咸康初何充上疏曰前賢良
喜天挺貞素高尚邈世旁綜廣探博聞強識高枕柴
門怡然自足宜遣蒲輪紆衡以旌殊操乃下詔褒揚

徵爲散騎常侍又不起永和初有司議祧廟不能决朝廷遣使就咨之喜專心經術兼覽讖緯所著述數十萬言行於世　祀鄉賢

虞預字叔寧喜之弟也少孤好學太守庾琛紀瞻竝以爲主簿轉功曹諸葛恢庾亮交薦召爲著作佐郎應詔上書嘉納又論防寇之術宜得良將因言壽春無鎮祖逖孤立前有勁寇後無係援宜加獎勵使不頽命累遷散騎常侍領著作封平康侯預雅好經史憎疾元虛其論阮籍裸袒比之伊川被髮以故左袵

者遍中國過于衰周之世也著晉書會稽典錄諸書行於世詩賦碑誄論難數十篇　祀鄉賢

楊方字公回會稽人少好學有異才初爲郡鈴下威儀公暇輒讀五經內史諸葛恢見而奇之時虞喜兄弟賀循皆以文學立名後先爲延譽於是司徒王導辟爲掾轉東安太守遷司徒叅軍求備遠郡得以閒居著述乃補高梁太守在郡著五經鉤深更撰吳越春秋并雜文並行於世

謝沈字行思山陰人博學多識綜練經史內史何充

引爲參軍母老去職不交人事耕耘之暇研精文籍康帝卽位朝議疑七廟迭毁徵爲太學博士以質疑滯遷著作郎沉著毛詩漢書外傳及他詩賦文論其學在虞預右

南北朝謝靈運元之孫也少好學博覽羣書與顏延之並以文章爲江左第一襲封康樂公累遷秘書丞坐事免宋受禪降爵爲侯爲太子左衛率少帝卽位出爲永嘉太守郡有名山水遂肆意遊遨動踰旬朔尋引疾還始寧修營舊業有終焉之志文帝徵爲秘書

丞不赴命光祿大夫范泰敦趣乃出遷侍中賞遇甚厚然靈運自負才能朝廷唯以文義處之意常怏怏多稱疾不朝出郭游行經旬不返乃賜假東歸與族弟惠連等共爲山澤遊因祖父之資生業甚厚鑿山浚湖功役無已尋山陟嶺必造幽峻嘗自始寧南山伐木開徑至臨海從者數百臨海太守驚駭以爲山賊知靈運乃安始寧有休崲湖靈運求以爲田太守孟顗固執不與遂成慇隙表其異志靈運詣闕自陳文帝不罪更以爲臨川内史在郡遊放如前爲有司

所糾靈運興兵逃逸作詩曰韓亡子房奮秦帝魯連恥追討擒之上愛其才乃降死一等徙廣州或告其買兵器結徤兒謀於廣州棄市年四十九靈運恃才放逸多所陵忽故及於禍子鳳元嘉中爲奉化令有惠政民祀之

謝惠連靈運從弟也十歲能屬文長益有聲嘗辟州主簿不就後爲司徒作雪賦以高麗見奇靈運每稱其文曰張華重生不能易也年三十七卒

王部之字休泰山陰人家貧好學嘗三日絶糧而執

卷不輟爲文善敘事除著作佐郎宋武帝以其博學有文辭累遷吳郡太守私撰晉安帝春秋敘王珣貨殖王廞作亂珣子弘領揚州刺史部之在郡常慮爲弘所繩夙夜勤勵文帝稱爲良守有孝傳三卷及文集行於世

孔稚珪字德璋山陰人少多學涉時周顒隱鍾山已而復仕稚珪作北山移文譏之齊高帝爲驃騎召爲記室與江淹對掌辭筆歷御史中丞建武初爲南郡太守以魏連歲南伐百姓死傷乃上書陳通和之策

稚珪風韻清疎好吟咏不樂世務時憑几獨酌門庭之内草萊不剪中有蛙鳴或問之稚珪曰我以此當兩部鼓吹王晏嘗鳴鼓吹候之聞羣蛙鳴曰此殊聒人耳稚珪曰我聽鼓吹殆不及此晏有媿色

虞僧誕餘姚人爲國子助教以左氏傳教授學者常數百人時博士崔靈恩先習左氏服解不爲江東學者所好乃改說杜義每文句常申服難杜僧誕最精杜學作申杜難服世多傳之

賀瑒字德璉山陰人循元孫也齊時舉明經爲太學

博士天監初開五經館以瑒兼五經博士別詔爲皇
太子定禮撰五經義時武帝方創定禮樂瑒所建議
多見施行尋領五經博士卒于官所著禮易老莊講
疏朝廷博士議數百篇賓禮義注一百四十五卷瑒
於禮尤精館中生徒常數百人弟子明經對策至數
十人二子革季兄子琛並傳瑒業
賀琛字國寶幼孤伯父瑒受之業一聞便通義理瑒
異之後家貧乏之粟養母雖躬執舟檝而習業不廢尤
精三禮初瑒聚徒教授四方受業者三千人瑒亡而

散至是復集彭城劉瓛聞琛名命駕相造會琛正講學徒侶滿筵聞上佐來莫不傾動琛說經無輟曾不降意瓛欣然就席問難從容歎曰通才碩學復見賀生因薦爲郡功曹琛辭以母老不就年四十餘始應辟後領尚書左丞參禮儀事凡郊廟諸儀多所創定每見帝語常移晷刻省中語曰上殿不下有賀雅琛容止閑雅故云所撰三禮講疏五經滯義及新謚法諸儀注凡百餘篇

孔子袪山陰人少孤好學耕耘樵採常懷書自隨明

古文尚書爲國子助教助賀瑒撰錄累遷中書通事舍人武帝撰五經講疏及孔子正言子袪常攷閱羣書以爲義證又自撰註尚書及尚書義後加散騎侍郎卒于官

孔僉山陰人通五經尤明三禮孝經論語生徒數百人三爲五經博士値太清之亂卒于家子淑元亦以文學著官至太學博士兄子元素善三禮亦有盛名

孔子雲山陰人師事吳興沈峻峻始爲國子助教吏部郎陸倕言於僕射徐勉以爲周官一書羣經源本

學絕不傳已歷年世惟峻獨精宜即用其人使專此學勉於是奏峻兼五經博士於館講授子雲實傳峻業官亦至五經博士焉

虞荔字山披餘姚人祖權梁廷尉卿父檢始興王諮議參軍荔九歲從從伯闡候陸倕倕問五經十事荔對無遺太守衡陽王辟爲主簿以年小辭及長美丰儀博覽善文梁武帝用爲士林館學士累遷中書舍人時左右之任多參權軸惟荔與顧協靖退但以文史見知號爲清白侯景之亂荔率親屬入臺母與荔

俱而卒於臺以故終身蔬布不聽音樂陳文帝嘉之以爲中庶子引備顧訪多所獻替荔弟寄時在陳寶應所每思之流涕帝爲求寄而寶應不遣荔因致疾帝令卧禁中以便臨視荔持不可乃令居蘭臺數幸視之荔久斷葷體羸勅賜魚肉強之食不從尋卒贈侍中謚曰德喪還帝出臨送遣使護視其家而召其子世基世南皆官之世基長子肅好學多才藝次熙符璽郎宇文化及將亂宗人虞伋告熙使出走熙曰棄父背君求生何地及難作兄弟競請先死世南事

蹟見列傳荔墓在慈谿

虞寄字次安對策高第起家梁宣城王國左常侍武帝覽寄瑞雨頌謂其兄荔曰此卿之士龍也陳寶應據閩寄爲所得武帝召寄寶應秏故不遣寄知其有逆謀每陳順逆之理以諷之乃着居士服自稱東山虞寄託疾不起寶應既擒文帝勑寄還朝執手慰勞衡陽王出閤用爲掌書記帝曰非敢以文翰屈卿乃令以師表相事也後除東中郎建安王諮儀令罷公事有疑議但就決之寄造次必於仁厚臨危執節刀

錫不避每諸王造門致禮命釋鞭版授以凡杖侍坐論道出遊閭里老幼羅列望拜道左有誓約者指寄便不忍欺

孔逭山陰人有才藻製東都賦才士稱之陳郡謝瀹年少時遊會稽還父莊問入東何見見逭否其見重於名流如此著三吳决錄不傳終於衛軍武陵王東曹掾

隋虞綽字士裕餘姚人博學有俊才尤工草隸仕陳爲太學博士大業初爲祕書學士奉詔選長洲玉鏡

等書緯所筆削帝未嘗不稱善遷著作佐郎與弟世南居禁中以文翰待詔從征遼東帝見大鳥命緯銘之勒于海上其詞賦世多傳焉

唐賀德仁山陰人與兄德基皆以文辭稱時人爲之語曰學行可師賀德基文質彬彬賀德仁兄弟八人時比漢荀氏太守王仁改其所居里爲高陽云武德中除中書舍人徙洗馬爲東宮學士貞觀初遷趙王友有集二十卷藏於四庫

孔紹安山陰人蚤知名勵志于學陳亡外兄虞世南

謂紹安曰本朝淪覆吾分湮滅有弟若此知不亡矣

紹安與孫萬壽皆以文辭稱時謂之孫孔子禎歷監

察御史門無賓謁時議其介禎子季詡擢制科授秘

書郎陳子昂稱其神清韻遠可比衛玠

孔至字惟徽若思之子也歷著作郎明氏族學與韋

述蕭穎士柳冲齊名撰百家類例以張說等爲近世

新族剟去之說子垍方有寵怒曰天下族姓何與若

事而妄紛紛耶初書成以示韋述述謂可傳及聞垍

語或欲增損之述曰止大丈夫奮筆成一家書奈何

因人動揺有死不可時述頴士冲皆揆類例而至書
稱工
康子元會稽人開元初詔舉能治易老莊者張說以
聞累擢秘書少監兼集賢侍講學士元宗東之泰山
說引子元等商裁封禪儀及還徙宗正少卿以疾授
秘書監致仕
賀知章字季真永興人性曠怡善譚說族姑子陸象
先嘗謂人曰季真清談風流吾一日不見則鄙吝生
矣證聖初擢進士累遷禮部侍郎兼集賢院學士元

宗自爲賛賜之肅宗爲太子知章遷賓客授秘書監

知章晚節尤誕放遨嬉里巷自號四明狂客及秘書

外監每醉輙屬辭筆不停書咸有可觀善草隸好事

者具筆硯從之纔數十字世傳以爲寶天寶初病夢

遊帝居數日寤乃請爲道士還鄉里詔許之以宅爲

千秋觀又求鏡湖數頃爲放生池詔賜鏡湖剡川

曲旣行帝賜詩皇太子百官餞送卒年八十六贈禮

部尚書

徐浩字季海會稽人擢明經有文辭爲集賢校理張

說見浩五色鸚賦嘆曰後來之英也肅宗朝授中書舍人詔令誥策皆出其手遣辭贍速而書法至精帝嘉之又參太上皇誥冊寵絕一時授兼尚書右丞浩建言故事有司斷獄必刑部審覆自李林甫楊國忠當國專作威福令有司就宰相府斷事尚書以下未省即署乗愼卹意請如故事便詔可進郡公卒年八十贈太子少師謚曰定

嚴維字正文山陰人爲秘書郎大曆中與鄭槩裴冕徐嶷王綱等宴其園宅聯句賦詩世傳浙東唱和維

有詩一卷藏秘府

吳融字子華山陰人祖翥有時名大中時徵辟不赴賜號文簡先生融學益自力富辭調龍紀初舉進士韋昭度討蜀表掌書記累遷御史歷翰林學士昭宗反正御南闕羣臣稱賀融最先至于時左右歡駭帝有指授疊十許藁融跪作詔少選而成語當意詳帝咨賞良厚進戶部侍郎有詩四卷行于世

（宋）錢易字希白先世臨安人自其父吳越王倧爲太將胡進思所廢始居會稽而立其弟俶歸朝羣從悉

補官易與兄昆獨不見錄遂刻志讀書年十七舉進士以文藻知名太宗嘗與蘇易簡論唐世文人嘆時無李白易簡曰錢進士爲歌詩殆不下白太宗驚喜曰誠然吾當自布衣召置翰林再舉進士歷太常博士直集賢院上祀汾陰幸亳州命修車駕所過圖經獻宋雅一篇累官翰林學士而卒易才學敏贍文數千百言立就大字行草皆善子彥遠明逸皆以賢良方正應詔昆亦能詩善草隸舉淳化中進士歷十州治尚寬簡累官右諫議大夫以秘書監老於家宋史

以來父子兄弟登制策科者錢氏一門而已
齊唐字祖之山陰人唐觀察使滸之後少貧苦學得書輒手錄之過誦不忘郡從事魏庭堅聞士也謂唐曰今士多不讀書唐曰幸公任意以几上書令唐一誦之如何庭堅以一帙開示乃文選頭陀寺記而唐誦不遺一字庭堅大驚服登天聖八年進士常進龍韜豹略賦兩應制科對策皆第一當路忌其切直復排去之後爲南雄州僉判會交趾進麒麟唐據史傳非之斥蠻人紿中國衆服其博物以職方員外郎致

仕初鑑湖東北有山巋然與禹陵相望最爲山水奇絶處唐命其山曰少微而卜築焉所著有學苑精英少微集各三十卷

石待旦字季平新昌人登進士志操不凡隱居石溪首創義塾三區以上中下爲別身自督教衣廩之所成就多爲當代名臣范仲淹知越州聘爲稽山書院山長四方受業者甚衆後以子貴贈開府儀同三司刑部尚書祀鄉賢

張堅字適道諸暨人受業胡安定先生從遊者甚衆

後得官殁京秩貧不能給吟嘯自若門生故人多顯者未嘗少干

華鎮字安仁會稽人登進士官至朝奉大夫鎮博古工詩文名冠一時嘗輯會稽覽古詩幾百餘篇最稱精覈子初平亦登進士爲太常博士討論典故據經考古初無阿附靖康初爭金人尊號貽怒當塗及二聖北狩竟憂憤卒

俞亨宗字兼善山陰人隆興二年進士洪适帥越聞亨宗行義延置郡齋又偕至番陽适弟樞密遵內翰

邁並與之游日以文章爲事後知漳州首罷民買戶口鹽值及溪港津渡之權減經制司錢之苛取者又貸民輸丁錢嘉定初入爲秘書少監以老求奉祠章六上除直顯謨閣主管成都府玉局觀卒年八十九亨宗爲吏勤著述有文豪二十卷宏詞習業五卷山林思古錄十卷羣經感發十卷

湛若餘姚人時舉子各占一經或詞賦便足若於六經詞賦靡不工曉同邑有呂次姚建義學聘若爲師諸生嘗數百人後爲太常博士時有錢豈及其子濱

亦相繼教授學徒與若等焉

唐閱字進道山陰人少爲學刻苦夜未嘗臥舉進士屢遷都官員外郎乾道間兩浙饑詔爲浙東檢察賑濟州縣所全活甚衆嘗以左氏春秋倣遷固史例以周爲紀列國爲傳又爲表志賛合五十一卷號左史傳行於世祀鄉賢

黄開字必先諸暨人紹興中進士博學好古邃於經術所論著有語孟發揮周易圖說孟子辯志麟經總論春秋妙旨六經指南諸史決疑暨陽雜俎浣溪文

集共二百六十餘卷官崇安令 祀鄉賢

姚寬字令威嵊人舜明次子也由江東安撫累遷樞密編修寬博學強記尤精天文完顏亮入犯率衆百萬人爲震慄寬抗論歲星入翼敵亡之兆未幾亮果斃後入奏疾作仆榻前卒上爲官其一子所著有西溪集十卷古樂府二卷註司馬遷史記一百三十卷補註戰國策三十一卷五行秘記一卷及玉璽等書擬樂府數篇俱超越漢魏云 祀鄉賢

王厚之字順伯諸暨人乾道二年進士歷淮西運判

每言事忠懇溢出改江東提刑進寶文閣致仕平生注意金石刻所著有金石錄三十卷考異四卷考古印章四卷題跋周宣王石鼓文後考訂秦惠王詛楚文精鑒絕識刻畫淺深賤辨無遺祀鄉賢

許瑾字子瑜元度之後世居剡之東林博極經史嘗從朱子遊明於理學鄉先生俞浙狀其行曰子瑜學博而正行峻而和文麗而則君子人也學者從之隨其資稟皆厭足所欲稱爲高山先生宋運既改徵辟不就所著有春秋經傳十卷文稿若干卷兄薦亦以

詩文名稱高士

孫因晉餘姚令統之後隱居四明山逍遥鹿亭樊榭閒博綜今古嘗采會稽遺事作越問以補王十朋風俗賦之缺騷林多傳之

胡宗伋字浚明餘姚人童時便如成人其父呼曰老子及長刻意于學元符閒試禮部下第歸益市書築室教授鄉里學者多從之游宗伋性至孝跬步未嘗忘親賑人之急必窮其力建炎之亂士人避地明越者多以宗伋爲歸依宗伋雖窮老而學不倦會孝宗

御極恩宗伋五上禮部矣例授房州文學調瀏陽丞
用薦監嶽州比較務最進一官丐祠監南嶽廟宗伋
操行方軌篤於道德性命之旨其交游子弟非是莫
取史稱宗伋爲醇儒云
呂大亨字聲之新昌人與從弟冲之同師陳傅良友
蔡行之在太學齊名然困厄久之乃授宿松尉徙平
陽丞時嚴秤提之令大亨上不廢法民尤便之終邵
信軍節度推官所著有沃洲雜咏冲之博學精思研
究經史尤工詩文傅良深器之舉進士歷南康軍僉

判集諸生講道於白鹿洞未幾以疾引退表正鄉閭家無餘貲所著璧經宗旨及詩文墨妙世傳之

俞浙字季淵新昌人登進士歷監察御史三疏時事皆忤旨不報改大理少卿不就乃浩然歸閉門著述有六經審問離騷審問及韓文舉隅諸集浙爲人寡言篤行端矩矱肅衣冠不喜馳騖與石䃭黃度先後發明理學尤崇尚朱熹傳註所得良多晚年深察而擴充之以求合中庸之旨自號致曲老人　祀鄉賢

元夏泰亨字叔通會稽人九歲能屬文領鄉薦歷官

翰林編修以文雄東南所著有詩經音考矩軒文集

王裕字好問山陰人早歲融貫經史既長以文辭鳴

順帝時科舉法復行裕領浙江鄉薦授校官既歸以

五經教授于鄉門徒常百餘人工於詩文有集若干

卷

俞漢字仲雲諸暨人精史學著史評八十卷春秋傳

三十卷象川集十卷進呈書付禮部刊行辟爲儒學

不就家頗饒歲饑出粟五千石以濟貧乏後卒士友

私謚之日文惠

胡一中字允文諸暨人以進士補紹興路錄事所著有童子問庠四書集箋定正洪範三益藁等集父渭字景呂著有鷄肋集弟一貞亦善詩文有雪林小藁壎篪小藁子澄至明朝登進士第混舉明經及從孫學俱彬彬有文學澄著鶡突藁學有八咏見山水諸記

徐昭文字季章上虞人家世業儒從韓性讀尚書杜門力學後應辟爲吳淞教官所著有通鑑綱目考證行於世後學賴之

楊維楨字廉夫諸暨人太定丁卯進士授天台尹龍
去家居幾十年會修宋遼金三史維楨著正統辨千
餘言歐陽元讀之歎曰百年公論定於此矣將薦之
爲忌者所阻尋用常格歷江西儒學提舉道梗不行
張士誠據浙西累使求致不能屈而撰五論及復書
告以逆順成敗之說明太祖在軍中時聞其辭張士
誠聘甚高其義及登位召諸儒考集禮書廷於郡縣
敦遣乃至京師時年八十餘矣作老客歸謠以見意
上笑而遣之還淞江卒維楨在娠母夢月中金錢墮

懷而生稍長父器之齎廐馬爲資俾遊甬東得黃氏日抄諸書歸學業日進平生性度怡曠喜戴華陽巾披羽衣與賓客周遊酬歌有晉人風居鐵崖山下自號鐵崖先生好吹鐵笛亦號鐵笛子與人交無疑貳尤喜接引後生識不識稱爲長者而惜不得大用然亦以是得大肆其力於文詞非先秦兩漢弗之學久與俱化縉紳先生與巖穴之士投贄求文者日無虛席以致崖鐫野刻布列東南宋太史濂嘗有言曰元之中世有文章鉅公起於浙河之間曰鐵崖先生聲

光殷殷摩戛霄漢吳越諸生多宗之殆猶山之宗岱河之走海然也撫其論撰如覩商敦周彝雲雷成文而寒芒橫逸奪人目睛其於詩尤號名家震蕩凌厲如神施鬼設不可察其端倪其文中之雄乎所著有四書一貫錄五經鈐鍵春秋透天關禮經約君子議歷代史鉞補正三史綱目富春人物志麗則遺音古樂府上皇帝勸忠詞及平鳴瓊臺洞庭雲間祈上諸集通數百卷從兄維翰亦有文名歷饒州雙溪書院山長所著有光嶽集稈濟錄藝苑畧　祀鄉賢

王冕字元章諸暨人年八歲時父命牧牛隴上竊入學舍聽諸生誦書聽已輒默記暮歸忘其牛父怒撻之已而復如初母曰兒痴如此曷不聽其所爲冕因去依僧寺以居夜潛出坐佛膝上執策映長明燈讀之琅琅達旦佛像多獰惡可怖冕小兒恬若不見安陽韓性聞而異之錄爲弟子學遂爲通儒性卒門人事冕如事性時冕父已卒即迎母入越城就養久之母思還故里冕買白牛駕母車自被古冠服隨車後鄉里小兒競遮道訕笑冕亦笑著作郎李孝光數薦

之當路欲署爲吏冕罵曰吾有田可耕有書可讀肯
朝夕抱案庭下備隷使哉每居小樓客至僮入報命
之登乃登部使者行郡坐馬上求見拒之去去不百
武冕倚樓長嘯使者聞之慚冕屢應進士舉不中歎
曰此童子羞爲者吾可溺是哉竟棄去買舟下東吳
渡大江入淮楚歷覽名山川或遇奇才俠客談古豪
傑事即呼酒共飲慷慨悲吟人斥爲狂北遊大都館
秘書卿泰不華家泰不華薦以館職冕曰公誠愚人
哉不十年此中狐兎遊矣尚可言仕即日將南轅會

其友武林盧生死灤陽唯兩幼女一童留燕偎無所依晃知之不遠千里走灤陽取生遺骨挈二女還生家晃既歸越復大言天下將亂時海內無事或斥晃爲妄晃曰妄人非我誰當爲妄哉乃攜妻孥隱於九里山種豆三畝粟倍之植梅千樹桃杏居其半芋一區薤韭各百本引水爲池種魚千餘頭結茅廬三間自題爲梅花屋嘗倣周禮著書一卷坐臥自隨秘不令人見更深人寂輒挑燈朗諷既而撫卷曰吾未即死持此以遇明主伊吕事業豈難致哉當風日佳時

操觚賦詩千百言不休皆鵬騫海怒讀者毛髮爲聳人至不爲賓主禮清談竟日不倦食至輒食亦不煩辭謝善畫梅不減楊補之求者肩背相望以繒幅短長爲得米之差人譏之冕曰吾藉之以養口體豈好爲人作畫師邪未幾汝頴兵起一如冕言明太祖既取婺州遣胡大海攻紹興屯兵九里居人徬徨奔避冕獨不動兵執之則曰我能爲若帥出奇計乃與俱見大海告以攻城之策明太祖聞其人召與語頗合寘幕府授諮議叅軍一夕病卒冕狀貌魁偉美鬚髯

磊落有大志不得少試以死宋太史濂曰予受學城南時見孟宷言越有狂生當天大雪赤足上潛嶽峰四顧大呼曰遍天地間皆白玉合成使人心膽澄澈便欲仙去及入城戴大帽如簁穿曳地袍翩翩行兩袂軒翥譁笑溢市中予甚疑其人訪識者問之即冕也冕眞怪民哉馬不要駕不足以見其奇才冕亦類是矣 祀鄉賢

鄭夔餘姚人爲人清逸怡曠以文學教授稱有師法有同里倪叔懌者與夔莫逆亦以孝友見稱於時私

諡曰孝莊然文采稍不及燮燮又善作蘭蕙人爭購
之
楊璲字元度餘姚人喜學問師事柳待制貫與海内
傳洽者辯說數困之註詩傳名物類考侍御史姚蔽
剡文上之後以鄉貢歷寧海縉雲及本州學官值南
北盜起乃避地邑之梅川以著述終兄瑛弟瑀孫軾
同皆有名而軾同尤以詩顯于景泰天順之間
申屠澂字仲敬諸暨人父性受業黄文獻公之門澂
與兄溶得其淵源謹言端行並爲鄉里所敬憚而澂

尤寡合賤而賢者禮之貴而言或少偏雅如不聞望之容色毅然至有所請則溫然愉婉辨析必盡工古文詞春容簡與精篆籀小楷足配秦晉辟本路教授辭疾不行晩節益堅所著有孝全撫言數卷

陳大倫字彥理諸暨人始學於從兄洙後事吳淵頴先生絕意仕進以教授爲業元末避兵流子里作晩香亭日與賓客暢飲高歌舉座絕倒嘗語人曰吾平生無他嗜惟攻文成癖孳孳仡仡垂四十年昔之人如此者何限今皆安在哉毋搔首自傷識者亦共傷

之所著有春秋手鏡尚雅集

施鈞字則夫會稽人博學能文詩得唐人體有飲氷餘味集隱居不仕

陳潛諸暨人嘗著詩經論辨朱子傳疑

（明）錢宰字子予山陰人幼好學淹貫墳典弱冠有文名至正間以進士歸隱一時俊彥如唐之淳韓宜可輩皆出其門明高祖首以明經徵令撰功臣誥命與諸儒同修禮樂諸書尋以病歸洪武六年授國子助教務以禮度繩諸生數上疏乞休洪武二十七年再

召校書翰林是時老儒凋謝宰與學士劉三吾特承眷倚每進見必賜坐侍食年幾耋疏乞骸骨再三乃允仍遣行人護之歸宰嘗病近代新聲繁猥刻意古調擬漢魏而下諸作有臨安集行於世子尚絅歷官都門令學與政並有聞　祀鄉賢

唐肅字處敬山陰人洪武初召至京師纂修禮學尋擢應奉翰林文字眷注隆重已而罷歸卒肅博學善詞翰與姑蘇高季廸楊孟載並稱於時所著有丹崖集　子之淳字愚士潛心著述同時蔡膚毛鉉鎦績

俱有詩名而之淳爲稱首以方孝孺薦授翰林侍講嘗集古今治亂爲書將獻之不果而卒所著有轂齋萍居二集及文斷十卷祀鄉賢

謝肅字原功上虞人學問該博洪武中舉明經授福建按察司僉事克持風紀所著有密菴稿與唐肅齊名時號會稽二肅祀鄉賢

劉履字坦之上虞人少貧力學有詩名至正末避亂太平山自號草澤閒民洪武初被召至京卒于會同館嘗效朱子傳註補註選詩爲風雅翼十四卷行于

世　祀鄉賢

夏時字中甫上虞人博學善屬文已而失明自號守黑子與二弟中孚中畢唱和爲文一篇成輒命筆之有守黑稿

鎦績字孟熙山陰人父煥善吟咏績少負才氣無所不學善屬文尤精於詩詞樂府與同郡蔡肅毛鉉唐之淳相友善並有文名時稱唐鎦毛蔡績所著有詩律霏雪囂陽集穿雲集合數十卷子師邵亦善屬文所著有盧湖紀遊諸藁　祀鄉賢

黄珏餘姚人初學春秋後見四明黄彦實説尚書心好之乃更授尚書隱居教授浙之言尚書者多宗事之喜翫邵子皇極經世書旨趣精妙貫徹天人有以自樂

宋元僖字無逸初名元僖餘姚人少有至性嗜學多闚覽外嗛嗛若不足中歛悟絶人元至正間中乙榜授繁昌諭才十九日即棄歸是時海内大亂元僖無復用世志退而遁諸山澤家貧無衣食資惟授徒以自給樞省嘉其苦節辟爲鄉邦文學不行明初以史

事徵乃出應詔事竣復被命典福建鄉試稱有鑒別晚窮濂洛之學爲文縝密有尺度詩亦清遠有文集行於世

趙宜生字德純本宋宗室家餘姚粹於經史文藝之學時方大亂混跡芻牧間自號騎牛野人明初辟爲邑訓導宜生欣然就職勸餙指誨聞者鼓動姚江學士繇此彬彬矣

趙俶字本初山陰人宋宗室也八歲能詩文指物輒賦稍長博涉經史爲文遏秦漢賦尤擅美部使者河

中何約按部至越俶時爲諸生延見之從容問諸史俶能詳其上下三千年君臣行事下至外國山川形勝如其身所履者約歎曰窮年讀史不如聽趙生談也尋登進士時方右武儒者絀不用俶遂隱居明初徵拜國子助敎是時典成均者皆極殊選而俶與蘇伯衡爲冠弁云

趙謙餘姚人初名古則幼孤貧寄食從山寺與學佛徒同學書克巳復禮之目爲用工準的聞金華鄭四表學有根源往師之得其傳歸隱鳴山萬書閣潛心

大業饑寒迫之其容晏如也明初徵修正韻稍試其學尋罷歸築考古臺述六書之旨注聲音文字通及易學提綱諸書凡三百餘卷大臣有薦謙者上曰吾欲老其才而用之後召爲瓊山教諭明年進所注書詔翰林博議不報復還瓊山作瓊臺布學範教化大行嶺表以南稱爲趙夫子初謙之來京師學士宋濂遣子仲珩受業謙歸之明年仲珩校正韻多采謙說謙於世利澹然眞義所在目無王公然終以此厄窮無悔卒于番禺年四十五

胡粹中山陰人博通經史尤長春秋洪武初聘爲儒學訓導終楚府左長史所著有讀史筆記元史評輿復齋稿若干卷當明太祖時諸儒應聘而起在餘姚則許泰王至宋棠張員在山陰則毛鉉白範王儼王誼在新昌則章廷端周彝在上虞則薛文舉在嵊則王璛單復亨在諸暨則陳嘉謨陳韶張辰諸君子者入則叅史局出則樹師模蓋彬彬盛矣詳在邑志中兹不復著

毛肇宗字克敬山陰人幼孤篤學居僧舍卒業三年

不出戶永樂中登進士時方重藩臣選授周府教授王嘗遣肇宗入謝封拜上念其有輔導功賜酒饌勞之肇宗喜吟咏寄興高遠有耶溪集二十卷

朱文淵字叔龍山陰人洪武間以太學生詣闕陳時政忤旨謫戍雖歷顛沛志行益堅宣德丙午大臣薦其直節宜錄用授滑縣訓導講學行禮以身先多士化及齊民擢國子學錄尋致仕歸年已大耋猶手不釋卷郡大夫政有所疑輒造其廬問焉不敢以呵導先其爲隆禮如此子宣亦世其春秋學以孝義聞

自永樂訖於正嘉之際諸儒以科貢出爲師儒足端士範者在山陰則祁福陳定徐光大在會稽則胡季舟徐霦在餘姚則李應吉夏廷器在新昌則呂廸吴宗信潘日升在上虞則俞繪在嵊則周嶧具載邑志中兹亦不復著

駱象賢字則民諸暨人篤行好學於書無所不窺爲文直述事情不求華緻時嘗斟酌六禮之要表帥鄉俗鄉人化之爲園於楓溪之上圖書滿屋至老玩讀不輟家素饒值歲饑出粟千石以賑朝廷賜勑旌異

仍復其家所著有羊棗集篤終易覽溪園遺稿歸全集等書祀鄉賢

丁徵字允中新昌人天性篤實少習舉子業稍長棄去力行孝弟衣冠言動必以禮諸大家爭聘爲子弟師辭曰親在不敢遠離乃就近舍授學每旦必具衣冠揖父母而後去得一珍味必携歸奉親晨昏定省夜必兩起至寢室外潛候動靜雖隆寒不廢途遇諸族父負擔亦拱而立恂恂應對惟謹蚤歲妻亡不再娶見内人必擁面避之宗戚憐其貧或賙給之謝不

受邑令欲賓致之屢辭不可得乃徒走百里至城老幼聚觀若神物然所著有四書講義詩易註解從吾心說

王宥字敬功山陰人篤學力行有文名郡大夫皆賓禮之鄉稱隱君子云

鄭嘉字元亨山陰人凝重寡言性至孝母病嘗糞苦衣不解帶母未復初不就枕篤行好古其詩有古風與鎦績唐之淳相上下鄉稱柹庄先生時柯亭王佑爲侍郎與嘉同里而里中人無少長皆鄙佑而重

嘉云

羅頎字儀甫山陰人祖紘父新並以儒學爲鄉人所推頎性淳樸鮮嗜慾力敦古道能讀祖父書過目輙成誦當其會意時雖食寢亦不自覺經史百家古今載紀及老佛諸書稗官小說罔不攬奇鈎元著之篇章爛然成一家言弟子及其門者各有所就褒衣博帶從容曳履見貴勢無加禮人亦不敢以貴勢加之大守戴琥崇禮隱逸于頎猶注敬焉嘗聘修郡志未成而殁然文獻賴以有徵羅氏三世隱梅山各以文

學鳴于時卓爲吾越儒宗云紘著蘭坡集十二卷會稽百詠一卷紘長子周著梅隱稿十八卷次子新著介軒集八卷頎所著尤浩繁其易脊札記及諸所訓詁詩話二百餘卷稱梅山叢書頎之後有傅易梁文實者並以質行博聞爲後進楷範郡大夫有所疑必就咨焉至今人稱之曰傅老儒梁老儒云 頎祀鄉賢

徐壽卿字光岳新昌人郎中志文之子自幼聰敏好學尚氣節不妄交遊請於父曰兒不能爲舉子業取科第願盡讀天下書使行已無媿古人可乎父許之

乃結如斯亭藏修其中日夜研究群書至忘寢食既而克然有得乃從父友陳獻章并杲輩遊聞見踐履益到年方壯人咸曰爲巨儒杲尤加愛重作春風亭以居之其斯文賡唱往復載杲集中

朱純字克粹山陰人博雅有儒行詩清婉風格高古教授於鄉與邑人羅頎張嵩輩結鑑湖吟社太守戴琥深敬禮焉所著有淘鉛驢背自怡等集其孫節起家進士官監察御史按山東振舉憲紀統兵勦賊卒于師朝論憫其死國事贈光祿少卿 節祀鄉賢

夏寅字正寅山陰人性至孝父歿而葬恨力不能豐其墓言輒淚下一夕洪水湧土積墓上高七尺人以爲孝感所致其學無所不窺雅好吟咏或評其詩云淡如陶令霜中菊清似王維雪後蕉一時名士皆宗之三子煥灼煥字堯章灼字孔章並以孝友能詩世其家人擬之元方季方寅有長子失明煥灼保持之如嬰兒撫其子如已子煥未三十喪偶不更娶嘗詠春花秋菊詩至二三百首旣而歎曰作詩貴關世教安事花草自是有作必借古爲喻託物以諷大有裨

於風教灼著詠史詩多前人所未發鄉先生蕭鳴鳳贈以詩云近將一管春秋筆遠紹千篇雅頌音又云日月有光看舊案乾坤無際得新箴蓋確論云

王文轅字司輿山陰人七歲時拾遺金一鐶坐待失者歸之其人欲畀以半卻弗受既長多病遂習靜隱居勵志力行鄉人咸樂親之每讀書多自得不主陳言故其說多與時左惟王文成與之友莫逆也文成領南贛之命文轅語其門人曰陽明此行必立事功問其故曰吾觸之不動矣及文轅歿文成講學時多

訕之者嘆曰安得王司輿復作乎所著有茹澹稿猶
遂皇極經世律呂諸書云祀鄉賢載浙江通志裔孫大雅按使屢旌其德行

胡純字惟一會稽人少從新建學天性孝友家貧無書每假抄以誦晝夜不輟自弱冠即爲塾師賴其資以奉親終其身其爲人終日齋坐不妄言笑不苟交動止必飭其教人必率以規矩歌詩習禮不徒事章句諸弟子旦夕供使令至種藝滌浣皆欣欣任之不辭師弟子之間庶幾復見古道以故出其門者多知名士所著有雙溪稿詩禮抄泗洲志崇安志迨卒郡

守洪珠高其行題其碣曰明逸士胡純墓

張璨字蘊之嵊人天性孝友父歿不能行背負終身弟亦病癡嬉之至老嘗從羅紘學經史一覽不忘爲詩文操筆立就所著有騃齋集二十卷擬騷二十章大爲詞家所膾炙璨伯父胄字仲冀淸修好古亦善屬文以明經薦不起有西溪集 璨祀鄉賢

范瓘字廷潤會稽人少從新建學卓然以古聖賢自期晚歲所造益深家貧無旦夕儲嘯咏自若人莫能測嘗謂人曰天下有至寶得而玩之可以忘貧作古

詩二十章歷敘道統及太極之說以自見幼孤事母盡孝教授於鄉以給甘毳二兄早喪極力殯之撫其姪如巳子巳爲婚娶而姪又早喪而婦將他適所得聘金悉以畀之曰吾恨貧不能止汝更嫁也而忍利其入乎平居無戲言步趨不越尺寸里中人無老幼皆以范聖人呼之與人煦煦無倨容士大夫咸樂從之遊然或以粟帛周之堅卻弗受也年八十有六將屬纊猶誡其子曰我死寧薄斂毋妄受人賻以汚我其平生廉潔如此有司屢表其閭立石里中曰范處

士里　祀鄉賢

蔣一鵬字漢中諸暨人性孝友弱冠遊南雍馮夢禎異之名遂著祖父兄同時謝世終身哀毀每譚及輒涕泗交流弟姪俱幼恩勤備至而訓誡必嚴屢赴闈試好學不倦著有文萃堂集言河漕兵農禮樂甚詳

蔣公亂暨庠生其先待御文旭爲方孝儒所推重亂志繩祖父以忠孝自許好讀書終日靜坐洞究聖學宗旨臨殁囑門人曰息心達本原吾生平得力在此子孫皆以詩書傳其家

楊彝字宗彝餘姚人别號銀塘生乘牛出入四明洞天遇風景林壑之美即箕踞長嘯狀其草木水石題詩于上墨光動盪趙謙不喜時彦詩一日蕙葵所寄撫几朗誦反覆不能罷有詩十首皆清新可誦

許泰字仲亨餘姚人家貧好學深於春秋爲有司推重泰爲人嚴毅有師表洪武初郡縣察舉授本縣教諭遷知夏邑縣政教大行

王至字盃暘餘姚人博聞強記明春秋三禮之學爲文章比物連類下筆沛然後生經其指授多爲名儒

平居慎默遇事論議援經質史明敏爲本縣訓導終
於潛教諭
景星字德輝餘姚人邃于理學閉戶授徒晚爲仁和
教諭以著述爲任明初纂修四書大全采用其說
柴廣敬字[redacted]餘姚人幼孤母陶守節教之從趙謙
學刻苦清勵無謾辭戲色舉進士擢庶吉士應二十
八宿之選預脩禮樂聲韻諸書心苦貌瘠未嘗一息
少懈
陳贊字惟成餘姚人父性善刑部郎中贊從鄉先生

朱公傳張天民銳于經史以薦爲儒學訓導纂修宣宗實録兩浙事蹟皆贊操檃之以上稱有史才簡任翰林待詔學士高穀薦陞廣東叅議兵備訪民間之掠賣者還之瘞境内暴骨文甚悽愴遷太常少卿致仕投老西湖與騷人墨士爲詩酒之會古選逼陶栁近體駸駸於盛唐書法亦得晉人筆意

馮蘭字佩之餘姚人成化己丑進士選庶吉士仕至江西提學副使專工於詩好次險韻愈出愈奇謝遷雲樹望窮雙淚眼湖山恨滿幾詩甬所謂哭雪湖者

是也同年屠侍郎偶話舊事與其郎中計奏笑其身死妻子流落已而出棋枰圖索題蘭題之曰白雲堆裡四公亭亭下只遺空石枰相逢莫自誇高手一遍輸來一遍贏屠遂默然

謝丕字汝湖餘姚人文正仲子蚤擅文名發解年纔十九又三年弘治乙丑薦會試第四人廷試第三人授翰林院編修尋以逆瑾修憾削籍嘉靖初徵用充日講遷吏部左侍郎以艱歸里讀書不徹没贈禮部尚書所著有肥遯齋稿留園集濟美錄

于震字孔安餘姚人正德丁卯鄉貢讀書博古尤深于易晚爲詩亦工仕終福安縣令未仕時家故貧常授徒自給既致仕歸亦別無所增人稱其廉所著有東溪類稿門人楊撫序邑志謂吾師東溪于公出手稿讀之足方信史蓋頗本之震云子足寅登嘉靖壬辰進士

倪宗正字本端餘姚人有夙慧精于易學弘治己丑登進士選庶吉士以逆瑾目爲劉謝黨出知太倉州時水災條上封事天子報可所全活甚多陞入副武

遝郎武宗欲南巡抗疏遮留幾斃于杖猶以詩諫上
尋悔賜賚錦已出知南雄府會世宗追録言者加三
品俸宗正性曠灑不耐世網竟賦歸惟酒榼碁枰寄
傲花石間詩文攬筆立就有川雲嶺月之致而書法
亦遒居常委蛇不矜衫履即對客亦不屏姬侍得晉
人標韻其居官則非沉浮無當者故足述也所著有
易說小野集云
成器餘姚人邑之布衣也正統末聞江右劉球死獄
登龍泉山頂爲文祭之其文援古刺今非老手不辨

也

諸燮字于相張元字以貞餘姚人兩人者交相美也

而並有文名姚江固多文學無不屈意下此兩人即

海内操觚之上亦無不知姚江有此兩人者蓋足稱

雙璧云初燮居邑西偏海陬與呂文安本鄉員外絢

游文安時時言邑中有張元者燮一見遂爲知巳程

功校藝殆無虛日時髦彙集兩人建旗鼓左提而右

挈之然燮高曠豪舉賈勇玩世而時欲衒巳之所長

元果毅敢爲矜巳亢俗而時欲繩人之所短賦性各

異文亦如之後檇李袁儀部黄許之曰諸爕文如琴操學佛刮垢入淨而輕揚之態時寓于雅淡之中張元文如偏師入陣直擣中軍而乏堂堂正正之氣時咸以爲知言嘉靖甲午同舉于鄉乙未俱成進士爕授兵部主事以憂歸客嚴陵大醉恃勇力游於桐江之淵竟以溺死元理刑泉州務在絶知交賔客之請直行一意卽豪貴益深文恣治人以此多詆之官至府同知而罷嗚呼善游者溺臨高者墜因其所恃反自爲禍惜哉時有遊藝録盛行于世若錢應楊陸芹

邵元吉鄭寅葉選張宸吳仁皆遞執騂耳者嗣是更僕未易數也

胡安字仁夫餘姚人嘉靖甲辰進士幼雋異讀書一目數行嘗作瑞雪表云六花飛而六出共欣六合同春三白映于三冬預卜三農有慶居官以儒術飾吏治縉紳多稱之終陝西參政所著有說約篇鈎弦篇趨庭集樂山集

葉逢春字叔仁餘姚人嘉靖乙丑進士出高拱之門拱以衆人遇之有言逢仁能文者拱未之信後見其

所撰亭記乃大嘆賞時逢春方倅撫州卽擢爲工部郎崑山歸有光工古文辭拱亦自郡倅擢入太僕天下以此兩事稱拱逢春守郡數擊強宗家居簡貴絕請寄孤立行一意有工部集十六卷行世父選嘉靖戊戌進士子憲祖舉己未進士

周述學字雲淵山陰人所著有雲淵神通大編一千卷

黃尚質號醒泉餘姚人嘉靖己酉舉于鄉知息縣陞景州守修董仲舒書院改周亞夫祠皆自爲文記之

隆慶元年致政歸是時越中詩人山陰有陳鶴徐渭上虞有葛曉姚江則尚質與楊珂唱和無虛日而尚質與渭珂兼精繪事故尤爲時所重

劉樽字元器山陰諸生其先本建寧五忠後十四傳曰文質者任山陰慕遂世爲山陰人樽生而警穎不凡始就外傳講晉史詳與午之義傳爲遜席後爲人師戶屨恒滿習聞國家掌故抵掌談古今叩應如響諸弟子成名者衆居平孝友無間言尤好施與太史張元忭重其爲人爲之立傳迄 于姓繁昌皆其積

厚有自也

胡翰字川甫餘姚人七歲端重如成人一日問塾師曰學孔孟以何爲入門塾師大異之其從父支湖召語之曰孺子願學乎學在心心以不欺爲主翰唯唯著心箴圖就質於王文成文成曰吾小友也時王畿錢德洪皆與爲忘年之交會講學天真書院王朱學者疑陽明宗王學者論考亭翰曰考亭當註疏附會之時不得不擴精茹粹以發蒙陽明當支離割裂之後不得不指點頭顱以證世雖異而同學者服之以

貞任華亭訓導壽敎諭崇明歸至今吳門稱翰者乃爲安定遺裔云築室今山署曰松篁小塢歸卧其中悟喜怒哀樂未發氣象爽焉自得病革爲詩示子孫神色恬正去來翛然有今山文集

范引年字兆期餘姚人學于文成稱高弟弟子講學青田從之遊者日衆青田人謂范氏之學出于文成因建仰正祠祀文成引年沒卽以其主配食

柴鳳字後愚餘姚人翰林廣敎之孫遊文成門學得領悟主敎于天眞書院衢嚴之從學者甚衆

楊學泗字魯嶧諸曁邑庠生性至孝幼喪父居喪即如成人禮事孀母終九十一歲色養無間所學以存誠主敬爲本著有道學宗譜羲經講義性理約言朱子學的註省身録諸書崇祀郡邑兩學鄉賢

紹興府志卷之五十

人物志十三

鄉賢之七 儒林後

陳塏字山甫餘姚人嘉靖壬辰進士由行人轉南給事中劾武定侯郭勛驕恣直聲著聞秩滿入京嚴嵩欲見之不可出爲湖廣參議歷廣東提學副使海瑞龐尙鵬方爲諸生皆第之高等予以特鑑行部過厓山攺張弘範立石書宋少帝及其臣陸秀夫死國于此轉湖廣參政歸林居四十年讀書如寒士詩文不

爲奇崛有洪永風

馬堯相字伯莽會稽人嘉靖癸卯監生授金溪知縣縣無城堯相創建之民賴其利罷職歸沉酣書史不與戶外事行年九十餘未嘗廢吟誦會稽舊無志堯相手草之與樂會知縣金堦共相攷訂書未鐫修撰張元忭得之屬徐渭編摩會稽之志人知成于渭而廣蒐彙輯使舊事不致湮廢堯相及堦與有力焉

孫鋌字文和餘姚人尚書陞之子也嘉靖癸丑進士改庶吉士授編修校永樂大典纂修承天志隆慶丁

卯大典成陞左中允歷諭德祭酒至南京禮部右侍郎

徐渭字文長山陰人甫髫年穎異過人及爲諸生餼于庠薦紳或以其駘蕩鮮契合者旣而負氣自恃省試數不售喜作古文辭嘉靖閒浙督胡宗憲以長至時獲白鹿于定海朔以表進渭爲繕草雅而確世宗覽之大悅眷隆宗憲而宗憲始延之幕中督府體故嚴峻諸將吏望之懾息渭一以賓禮自居敝冠澣衣縱談天下事督府以此重渭有謀未嘗不與每出幕

狂飲踰夜深必啓戟門以待久而彌重也及督府下請室渭懼株連心鬱鬱得狂疾嘗以錐刺耳椎擊腎不死後擊殺所續妻入獄法當死亟欲自殺得里紳張元忭等救解竟出獄遂恣遊天下山川酒酣耳熱輒爲狂歌自京邸歸揵戶不見一人獨挾一犬與居不穀食者十稔或詰其故曰吾食穀久偶棄去耳嗣是貧滋甚多作書畫鬻手自給棲敝椽藉藁而寢視世無足當其意者年七十三卒同郡陶望齡云渭行文有矩度詩更深奥往往精于法而畧于貌楚袁宏

道曰胸中一段不可磨滅之氣皆英雄失路投足無門之悲故其詩如嗔如笑如水鳴峽如鐘出土如寡婦之夜哭如羈人之寒起當其放意平疇千里偶爾幽峭鬼語孤墳可謂確評矣所著有集闕篇櫻桃館集又莊子内篇參同契黄帝素問郭璞葬書楞嚴經皆有註

祝彦字元美山陰人萬曆癸酉領鄉薦任江西德安令多惠政嘗捐俸建學創教職三署邑民夙苦催徵力爲更定梓有便民錄陞潁州知州循良著稱歷二

載乞終養孝友過人父母年各九十一彥所著祝氏
事偶及侶鶴堂詩集文辭斐亹以淹雅著稱
呂繼儒字明各新昌貢生幼而穎悟博通經史萬曆
間邑令田琯議修縣志得諸生三十六人以廣採訪
惟繼儒識稱最同事遜不及尚書呂光洵爲修志總
裁特屬以編摩凡山川古蹟田賦人文考之有倫有
脊孫太常鑛修郡志序云新昌書斐然成一家言及
授吳興學博育才興行爲世儀型其修吳興志尤見
殫力生平多詮釋遺有莊子註并學通十纂諸書

董懋策字揆仲會稽人文簡玘之曾孫得家學真傳精于易理學者稱爲日鑄先生設帳於蕺山之陽受徒講業四方從遊者歲踰數百人學舍不足皆僦屋而居其月旦總課必糊名易書列以等第時人比之白鹿書院游成均大司成馮夢禎奇之待以國士與雲間張以成齊名兄懋史弟懋中皆相繼登第而策獨不售太史陶望齡致書曰望齡幸戚是雍齒且侯也兄何慮焉亡幾病卒其友提學副使張汝霖爲之私諡置祠因作疏曰嗚呼吾友揆仲於癸丑正月之

二十六日卒于正寢其弟子凡三百數十人相與啓手足而哭之盡哀跣而出泣相持而語曰存而願豈没無求贍此吾夫子所謂全而歸者也君乃表其遺行宣其隱貞夫非吾弟子耶僉曰願惟力是視以光夫子於是奔號四境觀者愴然乃相蒞之嶺謀置祠焉曰此吾夫子所聲鐸章教之地也相嵩峯之陽謀置塜焉封樹期必親曰此吾夫子所手定之壤也既向余哭而謀私謚之曰知管者惟鮑非子耶誰當謚夫子者余哭失聲曰吾揆仲勁姿外卓慧心内朗生

邵閎而彌恭歷困埸而能泰千秋經術一代人師屋
恒恂如以退自命而談經濟事汪若懸河累擊喻蠭
百徃不折嗚呼使效用當世其必侃侃能風裁者矣
而倦乃嶽嶽一經惜哉按謚法寬和令終曰靖執一
不遷曰介宜謚曰靖介先生衆又哭相拜而置旌焉
嗚呼孔北海屣履造邑請爲康成特立一鄉曰鄭公
鄉侯芭負土爲其師楊雄作墳號曰元冢孔子墓樹
數百皆異種人傳其弟子各持其國樹種之揆仲燕
致焉難矣嗚呼鄭鄉岸兀楊塚規恢參差孔樹實實

枚枚生不饗榮而沒有餘哀非昔吾友孰得之哉其著述甚富惟大易床頭私録大學中庸講意二書與徐渭合評李賀詩藝林寶之

章頡字南洲會稽人生而英偉長而攻苦肆力於經術爲易名家越中以易顯制科者多出其門而周應中陶望齡爲最著後先相從者千餘人而徐文貞申文定皆爭延以課其子頡性嗜酒每講授畢輒飲飲輒醉然飲中惟高談古昔稱經史及當世人物一段剛腸正氣得之天授當其發揚蹈厲一往而前能

令千人辟易雖王公晉楚莫能禦之故嘗自言曰使予得志楊忠愍事業不足多也又曰吾平生嫉惡太嚴然人有片長輒誦不啻口晚年家居族有游手博塞冷歌而鬪詈者必匿避之即不及避其人必負荆來歸悔罪乃去俗幾一變仲子爲漢舉于鄉爲名邑宰女配劉坡宗周其外孫也宗周嘗病目經史皆顓口授及宗周舉于鄉顓猶以少年登第爲不幸宗周

贊曰師道之重于世久矣語曰師道立而善人多先生早傳謝猶齋易學擁皐譚易數十年淵源所漸多

殘名士宗周不足道周光祿陶司成皆卓然樹立爲
世所重先生造就人才之功乃在世道矣
葉憲祖字美度餘姚人萬曆乙未進士授新會令考
遷入京時黃尊素劾逆璫憲祖以尊素姻家左遷大
理評事轉工部主事逆璫建祠適在同巷憲祖徙寓
而去逆璫聞之大怒削憲祖籍歸崇禎改元起爲南
刑部郎出守順慶流寇道梗入覲者失期冢宰訶問
憲祖從容爲小吏申理冢宰默然陞湖廣副使備兵
辰沅五谿苗入犯憲祖累獲總督朱燮元敘之轉四

川叅政請告升廣西按察司皆未任憲祖與同邑孫鑛以古文辭相期許其填辭直進元人與之主下有明辭家卒推玉茗太乙憲祖以爲濃艷勦襲失古淡本色此難爲不知者道也癸卯與同邑沈應文楊文煥邵圭同脩邑志

王朝志字寧寰山陰人郡諸生大司空舜禺之從弟性孝友端介自持不妄與人交足跡不入城市幼而穎異日記數千言老而靡倦手録經史諸子百家書積十六笥曉爲都門諸士所延設帳授徒出其門者

成名甚衆嘗曰人生誠意正心四字一生放不得及卒門人私謚曰端肅所著有五經要論敬齋心録敬齋文集十卷玉山集十卷

管宗聖字允中餘姚諸生値明季末流謂人心不正弊在學術不端亟欲上續良知一脉與同志沈國模史孝咸兄弟交相切劘而以躬行實踐爲儀型于是一言一動周旋中禮遠近同志無不翕然從風中丞祁彪佳荐之于朝詔徵不赴及卒都御史劉宗周爲文弔之請祀鄉賢弟宗賢號月崖亦有懿行

沈國模字叔則餘姚諸生刻苦于舉子業一日見傳習録而心竊好之上剡中見海門周汝登汝登亦契之曰吾老矣越城陶石梁劉念臺今之學者也子其相與發明之亦何患吾道之不興乎國模至越遂請陶劉先生主教事爲會于古小學此證人社所由始也已歸邑中創姚江書院以祀陽明國模平易近人雖村叟頑童能得其意皆曰近從沈先生學不敢爲惡學其學者蓋至今不絶也

姜效乾字玉洲餘姚人鏡之長子與弟逢元幼相倚

長齊名效乾補諸生再入成均爲司成湯賓尹所甄
拔萬曆己酉中順天副榜授廣陵倅廣陵故衝劇供
應繁苦效乾不動聲色處之裕如賦性剛直不阿權
要會運使汪某以忤魏璫遭羅織擬贓盈數萬嫁禍
效乾屬其承追汪貧甚繫獄數載效乾代完八千金
冀得少免太監劉某者督追汪贓詬詈不堪且微示
以媚璫效乾正詞拒之劉恚甚飛語密聞中以危法
旦晚緹騎至效乾聞之恰然曰與其媚璫生不若忤
璫死我得死所矣即引刀欲决長子天棟力抱持之

適崇禎改元璫敗事雪遷泉藩相效乾曰得全歸足
矣尚何望哉歸與徐如瀚余煌輩創舉蓬萊會至今
相沿不廢歿時誡子孫曰弗以進取爲急惟讀書明
道以待時而已子天棟善承父志雖補諸生而絶無
榮進之心尤肆力于古文辭性純孝當父病背勢危
口吮其瘡不解衣帶者兩月子夜焚香禱天願代夢
神語以參不摻之遂瘳人謂孝感云天棟以子承烈
辛酉舉人贈儒林郎孫之琦壬戌進士
劉竟中字子肅山陰人少與從兄宗周曰吾兩人當

各立一幟耳竟中果爲山陰令耿庭柏所拔第一人追宗周提去而竟中猶在諸生間因徙金陵與周汝登許孚遠講學而新建宗風益振戊午司成施鳳來試南雍首拔竟中許爲天下士雍執傾動都人子明孝庚辰進士授浦城令報最封竟中如其官晚年與宗周有心學旨歸性理柝疑蕺山証道諸集

胡若琦字與孚山陰人以明經任冨陽象山學博獎引士類文風爲之丕振而邑令尤藉其經畫子孫世有文名

史孝咸字子虛餘姚諸生少年思以文章名世請益孫司馬鑛于陽明良知之旨尤爲篤好會劉蕺山忤璫家居徃謁恨相見晩劉創證人會以書招孝咸偕陶奭齡同主講席游華亭陳繼儒一見卽致書嘆曰緑陰覆窓相見先生道韻覺清茗在手猶帶火炯又云先生以德行言語妙天下善氣迎人清風透骨乃吾師非吾友也居恒與弟孝復互相取益有簞瓢不改之致及卒召子起曾并諸及門曰吾七十八年浮生于茲盡矣所恃竆理盡性以無負聖賢之訓于心

覺稍慊耳然必如程朱之銖黍弗渝斯爲無弊汝等識之次子起曾字尊聞以致知力行爲務人稱能紹其家學

史孝復字子復餘姚人性沉靜詳審自幼舉止凝然好讀書知人論世怡怡如也孫司馬鑛與爲忘年交劉蕺山妙選人望延之皐比孝復商求披剥有質疑問答一書劉深嘆服其所篤信者惟致知之學直截肩快暗脩密行不事表暴退然如不勝衣大義所在不肯毫髮苟且以是不動聲色而人敬服之恒著對

嚴師邑令嘗造門訪之拒不見有南州高士之風
董用時字公權會稽人爲山陰諸生陶望齡見其少
時文曰此君家文若長文要當探燕荆秦不日千里
王思任爲之傳曰公有獨至之行處衆見寡在言見
默孔君禹步不改恒度事祖如嚴君不敢以謦欬犯
父遺一敝袍衣三十年不忍釋母病與配尉躬侍晨
昏抑搔摩熨藥鑪粥鐺間不須臾離也甘貧攻苦書
冊之外一無所鋤訓子之言曰趙清獻以告天自質
司馬君實以告人自信以平生無違心之事也吾嘗

師之父曰謹身節財以養父母他日服官臨民自然不苟未復贊曰明德之旨闡于盱江吾猶及見之以余觀嚴川先生學尊力行不取虛悟教先于妻子絕不爲私利不待昌其後而所得已大是明明德者不愧也後倪元璐誌其墓曰時越學兢宗二溪公獨守洛閩之教其在廟廷方之餘干爲殆庶矣子朔生見後瑞生才而隱逸孫艮槓順治戊戌進士艮檙康熙丙辰進士皆其教所淑云所著有四書詩傳發明及左氏國語檀弓國策綱目評鈔門人私謚曰清成先生

陸龜蒙字章之會稽人少失父及壯有室冬夜必侍母寢不少離遇兄弟甚友愛喜讀書肘着案案多爲之磷背誦史記卷首至終不失字句家居言動有常每云前有高岸後有深谷無可行可立處不皇皇如何討出大路其爲文皆鑪台而出能深自箴砭少不當意輒棄去手纂詩學内外傳數十卷編春秋見聞三卷彙諸史考定之曰綱目參同尤精于字學博採諸家作字原所撰古文詩賦成編十卷友人私謚曰毅眞

葛曉字雲岳上虞人祖父皆起家進士恩蔭宜屬曉曉讓其叔里人高之且長于詩文工書法士大夫多與之交萬曆間邑令徐待聘屬修邑志子百宜舉人曉祀鄉賢

王應遴字雲來山陰人萬曆戊午以副榜貢閣臣葉向高薦爲中書同修玉牒并兩朝實錄晉大理寺評事熹宗嗣位魏璫亂政乃輯眞西山大學衍義首列祖宗防近習一欵以獻觸璫怒廷杖一百葉向高韓爌力救之免死歸崇禎改元閣臣徐光啓剡薦起原

職同修志曆會典諸書遷禮部員外郎卒于京邸

金蘭字楚畹山陰人萬曆乙丑進士令婺源部議特禁僞學凡書院悉毀之資以克餉婺源故朱文公里居也悉力護之得全陞御史流寇長驅上便宜四事巡按陝西彈壓有方巡鹽長蘆懲奸剔弊督學應天伸单寒絀請謁江南士人群頌之以少京兆致仕居鄉方正嶽嶽久而卒

呂承麟字允祥新昌人博學多文省試數不售以廕補建寧府通判視邑篆者五悉起頌聲及新令至每

去一邑士民遮道攀轅陞高州府同知瀕海患盜承麟先事綢繆備戰艘足糧芻盜聞之不犯其境以母老乞歸居鄉文行相先卒時遠近悼之

王思任字季重山陰人幼頴絶黄洪憲得其文謂異日必堪名世萬曆乙未弱冠登進士爲邑令者三遷袁州府推官綽有能聲臺使者劾其恃才尋鐫級後漸陞刑工二主事爲江西僉事能料寇騎出没作防禦計已聞燕京陷輙放浪山水間詩歌書法與董其昌陳繼儒相頡頏時論以其性輕脱目以郭舍人一

流年七十二棄家入秦望山卒遺有清暉閣集文飯
集梓行又有討馬士英檄　祀鄉賢
黃宗會字澤望餘姚人資穎異五歲時善屬對悉出
天然弱冠試輒居首廩于庠崇禎末以拔貢入京未
廷試輒棄去日讀書百葉字比句櫛之姚邑士人謂
孫鑛後起當不是過其于十三經微言奧義名物象
數年月異同細若銖黍咸加辨析廿一史成敗得失
制度沿革以至河渠曆筭莫不洞然治儒之暇旁及
釋氏藏典亦手注數十萬言後逃之酒而卒

呂兆虞字濟衢新昌人少司馬獻之後秉性孝友博學過人每謂世德清芬豈容自今而墜余祖直言敢諫杖闕下不辭爲之後者弗能抗節于朝亦求以大儒自勉乃力敦行誼侍父母備極色養後進執經問難寒暑無虛日動以理學相規暇則發其祖詩文草書摹倣成帙爲一時矜望後以子貴贈戶部郎中子正音進士正笏舉人

劉滲字自巖諸暨廩生博古敦行萬曆初講學于稽山書院一時佳士皆從之遊赴鄉闈十試不售著有

教家輯畧等書紫陽家禮得其發明者多孫光祖字均儀弱冠有文名副于浙榜至再後以明經歷邵武令薦聲籍甚嘗著範世全編定性論四書木舌禹貢註等書吏治文學爲世所重太史陳仁錫撰其行畧邑令朱之翰題其居以道學儒

呂曾楙字少鵬新昌庠生博古强記初擅風雅山陰劉總憲宗周與爲忘年交久而序其詩集謂慷慨激烈直逼楚騷晉魏不足多及游歷南北所至輒訪英賢搜逸書星曆卜筮陰符陣法諸編風雨研思不少

輟亦問言其指歸聞流寇變隱居不出尋卒

姜天樞字紫環餘姚人生而穎慧祖父甚器之每曰我家龍文千里其此子乎垂髫就外傳淹貫經史十七補會稽諸生入南雍崇禎癸酉丙子主司皆以引嫌置副榜天樞乃以任子授都察院簡較尋陞工部主事勤敏剔釐爲大司空劉心盤所重督修城工著績陞郎中督視北河時亢旱累年河渠盡涸漕艘愆期者錍錐施究無所濟天樞相度擲刃泉甚引濟漕亟請於河使疏濬蘇門天樞躬自啓閘甫三板河流

湧發重艘遂行於是疏請衛河設專官以濟漕其法自天樞始然捌刀泉爲衛輝一郡水田所頼紳士謌詠騰謗有侍御張某者以天樞專任發賑又以争館驛故貝錦入告輙付于理獄中與黃道周諸人講說辨論臨摹鍾王帖寒暑不輟值旱災恤獄遺閣臣同法司鞫理歷訊前事無一指實乃得釋由此絕意仕進徜徉于山水間迨三十年其侍父宗伯前依依孺慕無異孩提兄弟七人怡怡一體常云幼弟廷幹老毋所愛也何忍忘之子希轍爲諸生時經史制義每

手勒一編皆口授之壬午試畢黃道周奇其文爲之嘆賞是科希轍舉于順天授溫州學博旋移元城令迎養至署天樞訓誡懇懇不事法令繁擾邑大治丙申行取卓異簡擢科員天樞益加策勵謂之曰君恩難報諫職難居當以國家興革大事詳慎籌畫于中然後上聞以故希轍在諫垣六載凡所敷陳皆偉論宏議坐言起行海內稱爲真諫議皆天樞之教也封天樞如其官倪文正元璐居淺土天樞素購吉壤在聖義洞卽捐以爲贈著有曉堂諸集爲世所珍祀鄉賢

童汝槐字德符會稽人七歲能文十三補弟子員天姿敏潁孝友性成講誠意正心之學長游京師及門甚盛捷南宮者七八文章有法度言行中規矩甲申之後絕意進取隱居稽山戊子多山寇兄被寇擒寇欲刃之汝槐大呼曰毋殺我兄我請延頸受刃寇義而兩釋之遂與余增遠趙甸徃游山水之間註大易洪範詩經解作蓮菴集二十卷戊午卒年八十有七門弟子私謚貞毅先生汝槐直揭大道于危微扶人心于絕續隱君子之功有足多焉子煒甲午舉于順

天與戊戌進士有文名居官清介愛民如子民呼之爲慈父此皆汝槐之遺教也孫嘉誠嘉讓曾孫鎮雅六人皆以詩書世其家

來集之字元成蕭山人崇禎乙亥拔貢己卯魁兩浙庚辰成進士司李皖城皖受張獻忠蹂躪兵民雜處集之苦心調劑又左良玉勤王兵東下逮近震驚皖賴集之民得無恐壬午分校南闈得戚藩陶履卓皆名士家居手不釋卷著有易圖親見讀易偶通卦義一得春秋志在四傳權衡樵書南山載筆·倘湖近刻

王紹美字子輿會稽人少英俊每試輒冠多士聚徒講授嘗曰聖賢語意當下可以領會何須向人牙後覓古人生面耶崇禎癸酉舉于鄉庚辰成進士授肇慶府推官不事刑威不爲表暴而出冤獄郄羨論者謂有投杯棄硯之風其生平仁孝視兄弟友朋如一身廹去官後家無留物至不能具棺殮云弟紹蘭丙子舉人有梅莊合稿行世子用説乙卯舉人爲太史徐秉義都諫王垓所得士尚名節好氣誼惜早卒不竟其用手録詩文盈數尺筆畫精妙爲世所珍

林稊改名辰字木道會稽人崇禎庚午順天舉人才識弘博崇尚志節受業于倪文正元璐之門深爲契洽屢上春官不第或有以終窶勸之仕者輒慨然曰特立獨行不降不辱斯已矣區區榮祿非所計也狷介之守老而益堅日惟詩酒自娛有同年生廵鹺兩浙造廬請見且致饋焉稊峻拒之所著有史剛十卷雷齋詩集藏于家子治諸生讀書敦行爲士類楷模

沈烽晃字叔子山陰人崇禎癸酉舉人甲戌進士授中書賦性岐嶷一日能記數千言經史百家無不曉

暘世習毛詩而于經義尤訂同邢昺當世推爲詩經名家少失恃事父以孝聞昆季五人婚娶皆拮据爲之自貧時館穀至所俸資奉廿肯餘郎以公之兄弟居中翰時主師相國薛國光一時權傾中外凡速化者多倚附之爅晃獨處淡然元旦一投刺外絕不私通薛每憾之十年不調後薛以事敗爅晃獨不與册封閩藩藩舉千金餽遺𤇼晃郤之爲人嚴氣正性大率類此癸未分校禮闈量移銓部遂乞假歸里隱于山陰之馬塢山鍵戶著書終焉

余綸字伯綏諸暨人生而頴異學尤淵邃天性孝友過人已卯舉於鄉癸未成進士授福建典化司李未赴流寇陷長安大索庶僚咸汚以僞職綸潛匿草舍中間道歸里時父疾劇甚衣不解帶者踰三載讀書根究理要與仲弟侍御縉自相師友晚年喜咏林處士陶靖節詩以自況著有蘿月菴集十餘卷子一燿癸卯登賢書壬戌成進士

陶履卓字岸生會稽人承學孫望齡姪崇禎壬午舉于南雍癸未以易魁南宮稱易名家授行人奉詔安

撫粵東北繡衣使者讞死囚爲雪寃者數百人損除夙逋以數萬計粵人擁道泣送搆祠立像東粵至今思之父祖齡卒積憂悲痛事母王曲承意旨及母逝發聲盡哀流血數斗肢體幾毁營葬畢遂遘疾將卒之日謂其子覲曰吾屢遭患難不死者以祖母在也今無憾矣所著有孝經解安雅堂集人子要言行文有矩矱堅秀酷似河東平日持身訓世一本孝友而城府洞徹且好施予陰德尤豐

史繼鰲字矢如諸暨人爲諸生時試輒冠軍文名播

於海內登癸未科進士授刑部主事適闖賊陷京師棄職旋里隱居教授者數載卒於家

王業洵字士美餘姚人新建伯王承勳無子欲以業洵爲嗣業洵自以非正泒不可爲諸生有名於時蕺山講學其弟子多假道于二氏談因果者蜂起蕺山過之不聽每講席而嘆業洵知之乃推擇一時才士得數十人同師蕺山以詘爲二氏之學者其風爲之少衰又怪其徒張皇言悟渾入致知業洵曰此亂吾宗旨也刪傳習錄中記之失實者重刻之

葉茂蘭字綠亭本姓何山陰人博覽載籍賦性孝友與弟茂桂入成均屢奪監元茂桂登賢書任登州司李而茂蘭數奇不偶韜歛恬退陶養子弟之秀傑者焚膏繼晷風雨寒暑勿輟長子獻章舉下鄉歷任工部封父如其官享年九十而卒

何國輔字紹寧山陰人天啓丁卯賢書幼隨父宦遊與焦漪園鄒南皋講學長與劉蕺山主證人社者有理學正宗性純孝居喪哀毀踰節公車入都給諫姜埰以劾權要下獄國輔委曲救護生平好施予拯急

難至今人思盛德子天龍康熙丁未進士能大其家學 祀鄉賢

陳箴言字賡卿崇禎壬午舉于鄉受業董懋策之門博學敦行年百歲郡守歲給廩餼

劉裁字汝成山陰諸生以麟經教授弟子萬曆丙午以歲貢廷試少宰楊士喬閱其卷以宿學稱之授無爲州同在任七年潔清自矢識張克家于童子中人服其藻鑑之精又以江防親督練兵生擒渠魁周飛雄于楊子江滁州中荒旱游至捐俸頒示斗米官給

五錢積者盡出販者遠至米價遂平饑民得活士人勒石記之乙卯冬以疾歸杜門著述有古文輯萃五經覽要綱鑑會編諸書

王朝爕字玉鉉山陰人年十四通五經綱目諸書游成均試異等授衡藩相時妖賊徐鴻儒倡亂青兗騷動朝爕上書魯德二藩共相捐餉募兵爲守禦計及鴻儒平朝爕之功居多焉以疾歸藩慰留不得賦詩送之日日落長沙懷賈傅月明梁苑憶鄒陽其敬慕如此

朱長庚字與白諸暨人萬曆己酉舉于鄉初任遂安學博士人立祠祀之擢桃源令調含山令撫軍蘇某薦剡有日愛民切如保嬰鋤強鋭于拔薤之語以耿介忤當道罷歸隱居巢山之嘯客堂藏書甚富類多手評著有善生善死善意録

陸一桂字月生會稽人放翁十六世孫醇謹好學補諸生從游甚衆晩更困約處之怡然子韜諸生有聲

倪夢商字三占會稽人崇禎庚午舉于順天居家以孝友稱子鴻儒亦諸生山居灌園有隱者風

皇清唐允思字伯文會稽人父圭見邑志傳允思生孝友好學甫有室遭母病足不履房闈者踰三載屬纊已久尚抱持不釋淚盡繼血幾於滅性歲時伏臘念及父母輒涕泗交下爲文有法度教授蕺園及門成名者十餘人順治丙戌舉于鄉制義爲世所推生平愼交游不欺然諾有客如厠失金欲主者償主有死而已或勸客已之客有死而已允思卽爲代償歲歉允思量口授食寇警誡城守勿沮竄民人咸德之謁選得縣令叙州慶符之命甫下而允思已易簀矣

著有周易傳義詩經圖解子四賡堯壬辰成進士所至有蕭聲奉使督學山左丕變士風力却情面其振拔者皆一時孤寒齊魯人士翕然推服爲文宗之冠允思教子之心已見一班云

董期生字伯音會稽人父用昔見儒林前期生十九失父彊學工文士林推爲祭酒癸酉舉于鄉累上公車不第輒肆力古學自六經以及諸史星紀輿地歷代郊廟儀制帝王名臣世系兵農沿革禮樂曆數山川鳥獸草木風物醫卜王奇書畫琴奕種種溯源窮

興靡不穿貫益由諸生躋仕宦家居旅寓輒久以誦
習編纂爲事至七十如始學時所著四書毛詩有遵
註録易有末義書春秋經傳禮記皆有箋註史有傳
聞録漢魏晉唐宋文有疏解昌谷詩有正繆事物圖
考有汲古綆并詠風軒詩文集三十卷仕始雷郡司
李有理雷條議南人月教遷汾州郡丞有禁革起徵
科派碑記武鄉臨縣有課士編終淮安知府有治河
議郡人建生祠後爲戒山書院戒山其别號也生平
守用時之學尊力行以居敬爲的功務無間師事倪

元璐交曹學佺楊廷樞陳司李于龍諸人子艮櫝戊戌進士任松溪令有廉聲諸生艮梧能世其學

胡艮臣字翼明山陰人光祿卿文靜之孫幼穎異九歲通五經十七補諸生鄉薦列副榜本房楊棊出語人曰胡艮臣眷真長沙宣公并爲一人從周汝登陶望齡講學游成均名益彰感時事上書熊經畧千言不報識者偉之著有四書詩經直義百將傳畧尚論篇夢覺言廣四十八孝諸書子懋新明經河使楊茂勲與之交邏籌國計民賴以安著有四書心悟詩

經解澄心堂集次懋宣康熙丁未進士布衣教授無
異寒素其收殮從兄二安屍于破城中尤人所難著
有大學衍義補孫賡颺亦以明經授學博
王兆修字爾吉會稽人父以寧見列傳兆脩自少至
性過人有江夏黃童之目生平學業以崇經術敦行
誼爲先嘗師事劉宗周每有論辨輒爲奬賞博綜群
籍尤喜讀易於消長剥復之數深有領會及施宗族
之煢獨完親舊之婚葬悉力爲之丁丑戊寅間嵊縣
大祲捐粟數百石躬往行賑窮巖絕澗罔不周徧又

與倪元璐建義倉立平糶法鄉人賴之以明經授處州府慶元縣儒學訓導不就惟以經史自娛遇朔望集子姓舉忠孝廉節退讓諸大端反覆開示家庭肅然所著有四書指南闡明聖經又輯存養編誘掖後進學者多禀其教至鄉里構鬩婉詞以曉聆者娓服人以比之彥方云子四穀振穀韋成進士孫德祚舉順天第五人

陳必成字德子山陰人順治乙未成進士除戶部主事榷崇文門稅羨餘盈萬悉歸于官遷刑部郎中平

反矜疑超豁無辜甚衆己酉典楚試甄拔皆異才庚戌督學雲南崇實行變士風祛除歲貢陋習宿儒爲之感激報最入　覲諸生躡蹻不遠千里號泣追送還里杜門却掃不與外事清介之節老而彌篤與物無忤恂恂如儒生子繩祖貢監考授通判

蔣爾琇字秀玉諸暨人生有異姿博極群書丁亥成進士授河南原武縣令鋤強剪蠹不遺餘力異政冠於通省撫軍亢得時甚器重之卒以不畏強禦罷官歸里方初第時浙疆未靖土氛四起爾琇躬率鄉勇

討平群逆四境賴以乂安其勦撫方畧諸帥咸歎爲
不可及惜未竟厥才賫志而殁衆論迄今惋悼之
徐廷玠字元度上虞人如翰子承清白之後克守先
志忠誠孝友素聞於鄉侍劉宗周陶奭齡講學於證
人會甚見推許後宗周殉節老成凋謝繼往開來皆
廷玠之功崇禎間嵊邑大饑鬻産往賑尋邑屡饑復
竭貲給賑全活甚衆配陶奭齡女善事舅姑精通書
史婣黨中推爲女學士子允定明經孫鴻圖邑諸生
王業法字二皆山陰人生而穎異秉性孝友晨昏定

省必肅衣冠以進兄業偉業洸弟業澄皆以文章有
名黌序以恩貢入成均考授縣令不急急于仕進時
與徐延玠諸人倣九老耆英故事爲詩酒之歡課子
務以義方每閉戶讀書卽爲色喜少跬步勿謹必嚴
加呵責故諸子及孫皆有成立子燦甲辰成進士
秦長春字伯晦山陰人少有才名喜讀性理諸書留
心聖賢之學以明經授河南輝縣令輝當流寇蹂躪
之後民多逃亡按籍有田征輸無課舊額叁萬匱鈌
六千有奇前令雖嚴加鞭朴終於無濟一以自經歿

一以發背疚長春下車濟之以寬民雖感激願輸而匱闕者無所措置長春乃履畝鑒別手書冊籍陳請臺使具疏蠲免時方懇荒墾使難之長春痛哭力陳爲民請命乃得報可六千荒粮盡邀恩豁又以河决開封行臺貢院咸設于輝輝直彈丸邑耳供應浩繁民不聊生長春力請量移郡城民困得甦後令實受其福及其所鑒別士多成名輝邑文風爲之一振解綬歸一身外無長物以經術自娛以詩書課子子宗游康熙巳未成進士選庶常授編修封父如其官

章貞字含可會稽人兩世孤曾祖八十翁篤課之貞工詩古文辭爲叔都諫正宸所器初欲高隱勉爲應舉順治乙未成進士初知壽光縣以科場詿誤降榮陽丞康熙丁巳陞東陽令均有善政戊午科臣交薦博學宏儒貞應詔抵江寧病亟辭歸所著有東谿解等書

何嘉祜字子受山陰人性篤孝友貫穿經史髫年補諸生甲午恩選入北雍諸名貴爭設皐比諮時事當否甚悉比謁選授江西奉新令廉幹有聲都人士肖

像祠之報竣選戶曹奏蠲江南逋賦一百餘萬及奉使不辱　朝廷器之改授湖廣道御史敷奏皆關國體風紀肅然復　命巡視河東鹺政值鹽池水漲諸商困甚嘉祐齋沐虔禱水遽退人謂忠誠所感云

張文成字璽仍會稽人博學好古壬子與脩會稽縣志文成夙負史才人物一志爲文成草創徵同學董欽德力爲訂定刻書行世則文成之苦心幾至于磨滅而不可問矣文成樸茂寡言對人和煦若以非義相干則侃侃不屈後以明經試歸勞頓逝世所著有

藝集藝二集叅文衡諸生與文成齊名同時有諸生
單國驥脩山陰志卒于閩子廷璧亦諸生
胡心尹字德懷山陰人順治辛卯舉于順天與吳門
宋實頴齊名以延慶學博遷芮城令教養兼至課士
多所成就決獄有神明之頌勞瘁卒于官立祠祀之
金昌尹字子京會稽人順治乙酉舉于順天丙戌會
試副榜性高邁不羈以文章自娛未嘗切切于功利
與李高陽爲同門友李柄國最久慕其爲人屢招之
拒不一見後司鐸開化海寧閒士風爲之丕振時責

逋嚴切昌尹捐俸代償子矜覩以保全者無算迄今有貴顯者咸思慕不衰云子城坤俱諸生能文有聲

章綿祚字世禎會稽人年十四補諸生巳酉擬鄉薦貢太學雖耄耋猶手不釋卷著述甚多及病革不能語手書安靜二字指天指心以天理人心垂訓焉子四皆諸生

秦廣漢字沛生山陰人少攻苦稱能文續脩山陰邑志諸生金烱力贊其爲人故志之

紹興府志卷之五十終

紹興府志卷之五十一

人物志十四

鄉賢之八 忠節

吾越諸山不若嵩華之高而類皆奇崛嶙峋小大昂首各不相下故其人亦多負氣自好不習爲脂韋徃徃見憎於世曰越之人越之人云然天下有事則越人必爭先攖其鋒無論遠古卽前代靖難師入陳侍郎躍馬於白河宸濠禍起孫中丞隕身於江右以及闖寇之變倪學士施總憲等從容就義斯皆勝國之

最表著者也旁覽記籍自漢迄今得若干人悉志其顛末以風將來而凡身任封疆敵愾死義之士亦無湮沒弗章者嗟乎斯非越之人乎而彼曠節敗名爲山川羞者則謂之何

〈吳〉董襲字元代餘姚人身長八尺英烈過人從孫策討平山寇拜別駕司馬策薨事權以平彭虎功拜威越校尉遷偏將軍從討黃祖祖横兩艨衝夾守沔口以栟櫚大紲繫石爲矴上屯千人強弩交發飛矢雨下軍不得前襲與凌統各將死士百人人被兩鎧乘

大舸突入艨衝間襲以刀斷兩紲大軍繼之遂斬黄祖功第一曹操出濡須口襲從權赴之其夜暴風襲所督五樓舡俱傾衆驚潰乞襲亟出襲怒曰將軍令備賊可委去耶敢復言者斬於是莫敢言者舡敗襲死權哀慟改服臨殯供應甚厚陸機曰吳大帝之能割據山川跨制荆吳與天下爭衡者襲有殺身衛主之功云

虞忠字世芳餘姚人翻第五子也仕吳爲宜都太守晋伐吳忠與夔道監陸晏晏弟中夏督景堅守不下

城潰忠死之忠子潭仕晉封武昌侯別有傳

鍾離狥山陰人牧之子也拜偏將軍戍西陵與監軍唐盛論地形勢謂宜城信陵爲建平援不然敵將先入盛以建平將施績有智畧而不言信陵當城弗從狥計後晉果修信陵城建平遂危及吳亡狥領水軍臨陣督戰死

〈晉〉嵇紹字延祖魏中散大夫康之子也以父得罪靖居杜門山濤領選啓武帝曰康誥有言父子罪不相及嵇紹賢侔郤缺宜加旌命請爲祕書郎帝曰如卿

所言乃堪爲丞何但郎也乃發詔徵之起家爲秘書丞紹始入洛或謂王戎曰昨於稠人中始見嵇紹昂昂然若野鶴之在鷄群戎曰君復未見其父耳裴頠亦深器之每曰使延祖爲吏部尚書可使天下無復遺才矣惠帝復祚遷侍中嘗詣齊王冏諮事遇冏讌會召董艾等共論時政艾言於冏曰嵇侍中善於絲竹公可令操之左右進琴紹推不受冏曰今日爲歡卿何若此邪紹對曰公臣復社稷當軌物作則垂之於後紹雖虛鄙忝備常伯腰紱冠冕鳴玉殿省豈可

操執絲竹以爲伶人之事若釋公服從私宴所不敢辭也冏大懸艾等不自得而退及朝廷有北征之役天子蒙塵王師敗績於蕩陰百官侍衛莫不散潰唯紹儼然端冕以身捍衛兵交御輦飛箭雨集紹遂被害於帝側血濺御服天子深哀歎之及事定左右欲浣衣帝曰此嵇侍中血勿去初紹之行也侍中秦準謂曰今日向難卿有佳馬否紹正色曰大駕親征以正伐逆理必有征無戰若使皇輿失守臣節有在駿馬何爲聞者莫不歎息

張茂字偉康山陰人少有志行爲鄉人所尊信初起義兵討陳斌郡賴以全元帝辟爲掾屬太子衛率出補吳國内史沈充反茂與三子並遇害茂弟盎爲太守周札將軍充害札盎亦死之茂妻陸討充謝朝廷贈茂爲太僕　祀鄉賢

謝邈字茂度上虞人性剛骾無所屈撓有理識累遷侍中時孝武帝酺樂之後多賜侍臣文詔辭義有不雅者邈輒焚毀之其他侍臣被詔者或宣揚之故論者以此多邈後爲吳興太守孫恩之亂爲賊所執逼

令北面遡厲聲曰我不得罪天子何北面之有遂遇害

〔南北朝〕孔琇之山陰人少有吏能歷尚書左丞廷尉卿出爲臨海太守在任清約齊武帝知之深歎息焉隆昌元年遷琇之爲晉熙王冠軍長史行郢州事欲令殺晉熙令琇之辭不許遂不食而死

虞悰字景豫餘姚人少事父秀以孝聞仕宋爲黄門郎明帝誅山陽王休祐比葬隆寒雪厚三尺故人無至者惟悰一人赴葬初齊武帝貧薄悰數相分遺出

必呼與同載及即位以爲太子中庶子遷祠部尚書領右軍明帝篡立稱疾不陪位帝以悰舊人使尚書令王晏示以廢立欲引參佐命悰謂晏曰主上明聖公卿戮力寧假朽老以贊維新因慟不勝朝議欲糾之僕射徐孝嗣曰此古之遺直也不可乃止

王琳字子珩山陰人本兵家子梁元帝居藩琳姊妹並入後庭見幸琳由此未弱冠得在左右少好武遂爲將帥琳輕財愛士得將卒心佐吏數千皆能識其名姓以軍功封建寧縣侯從王僧辯破侯景拜湘州

刺史帝爲魏圍逼徵琳赴援師次長沙聞帝遇害乃率三軍縞素舉哀傳檄四方爲進取計陳霸先旣殺王僧辨擁立敬帝以侍中司空徵琳不赴乃大營樓舡將圖義舉霸先遣侯安都周文育討琳逆戰於沌口敗之擒安都文育遂克江州及敬帝被弑琳乃請於齊迎永嘉王莊於民間方七歲立爲梁王而輔之舉兵東下與陳師遇琳乘風舉火擲敵舡風忽逆反燒遂大潰琳乃奉莊入齊齊以琳爲會稽郡公陳將吳明徹攻齊琳與將軍破湖禦之破湖不用琳計輒

大敗琳單騎走彭城明徹進兵圍之堰淝水灌城城陷被殺百姓哭聲如雷有一叟以酒脯號酹盡哀收其血懷之而去陳人懸琳首於建康市故吏朱瑒致書徐陵請許其葬瘞八公山側會葬者數千人壽有壽陽人茅知勝等密送其柩還鄉里祀鄉賢

張嵊父稷齊朝爲剡令至嵊亭生子因名嵊字四山後遂家焉嵊雅有志操起秘書郎遷湘東王長史還爲太府卿吳府太守侯景圍建業率兵赴援授征東將軍嵊曰天子蒙塵何情復任榮號或勸迎降嵊叱

曰吾以身許國有死無二賊劉仁茂下義興遣使說嵊嵊斬其使遣軍破之景助仁茂擊嵊軍敗執送建業景猶欲活其子嵊曰吾一門已在鬼籙不就爾賊求恩景怒盡殺之梁元帝追贈侍中開府儀同三司謚忠貞　祀鄉賢

張彪居若耶山中臨城公大連出牧東揚州以爲中兵參軍侯景將宋子仙攻下東揚州還入若耶山義舉貞陽侯即位以爲東揚州刺史陳文帝入會稽彪擊走之沈泰申進等共叛彪彪敗遂與弟崑崙及妻

楊氏還入若邪山一犬名黄蒼在虎前後陳遣章昭
達領兵購之并圖其妻刼來黄蒼便嚙一人中瘡死
虎映火識之曰卿須我者但可取頭誓不生見陳蒨
謂妻楊曰我不忍汝落他處今當先殺汝然後就死
楊引頸受刀不辭虎不下刀便相隨下嶺虎謂楊曰
從此而訣若見沈泰中進等爲語功名未立猶望鬼
道相逢刼卽殺虎并其弟首致於昭達進兵迎楊楊
便改啼爲笑謂昭達殯虎旣畢黄蒼俯伏冢間號叫
不肯離楊還經虎宅謂昭達曰婦人本在容貌今辛

若日久請甃過宅莊飾楊入屋遂剗髮毀面哀哭慟絕誓不更行文帝聞之嘆息遂許爲尼虒起於若邪興於若邪終於若邪及妻犬皆爲時所重異

五代謝銓會稽人仕南唐官至銀青光祿大夫金吾大將軍李氏以國歸宋銓守義挈家遁居祁門士論高之

宋董公健字伯強新昌人宣和庚子冬方臘起桐廬蔓延新昌官吏奔竄莫敢當公健慷慨率子弟聚里中萬人馭以紀律遂破賊焚其寨斬首千級境内復

安王師討剗西賊檄公健爲先鋒公健藉累勝之威輕視賊以數百當數千殺獲頗衆已乃王師不進勢孤援絶公健度事不可爲呼衆語曰大丈夫寧以義死不可以不義生遂自殺人皆嘆息垂涕贈武功大夫汝州團練使官其諸子　祀鄉賢

陳過庭字賓王山陰人第進士累官吏部右司員外郎嘗使遼還時傳遼主苦風痺又入箭損一目過庭正其妄且勸帝飭邊備歷遷御史中丞兼侍讀睦寇竊發過庭言致寇者蔡京養寇者王黼竄二人則寇

曰平又論朱勔父子本刑餘小人交結權近竊取名器罪惡盈積宜昭正典刑以謝天下由是忤旨安置黃州及欽宗立以兵部侍郎召在道除中丞過庭論近日爵命不由勳績及辨宣仁后誣謗又劾姚古擁兵不援太原之罪擢右丞中書侍郎議遣大臣使金耿南仲以老聶昌以親辭過庭曰主憂臣辱願效死帝爲揮淚歎息固遣南仲昌及城陷過庭亦行因被留不還四年六月卒於燕山明年贈開府儀同三司謚忠肅　祀鄉賢

張宇發字叔光會稽人舉進士靖康初爲都官員外郎金人再犯闕詭執和議要大臣宣諭兩河上以命聶昌耿南仲皆辭惟陳過庭請行於是宇發爲副拜徽猷待制兩人銜命在道金謀中變鑾駕北征遂被縶留異域聲聞阻絶後洪皓還自金言宇發殁於雲中見其櫬旅寄荒寺携至燕山授僕人徐禹功使輦焉因再疏請褒贈秦檜沮之檜死皓子遵復請詔贈左朝議大夫職賜如故官其子孫焉　祀鄉賢

於琳蕭山人爲本州防城保甲建炎初陳通叛琳從

浙東安撫討賊戰敗被執賊欲刺面強降之琳罵不屈賊衆攢射矢着如蝟罵不絕口死之

豐治禮部尚書稷之孫也建炎中高宗駐蹕淮揚金人入境時治監轉般倉死之紹興十一年詔褒其忠官其子誼爲將仕郎

曾悳字仲常鞏之孫也以父任爲郊社齋郎累遷通判温州攜家次于越建炎三年金將琶八陷越城下令在城官僚詰旦皆詣府見不至者死悳獨不往逮捕見琶八辭氣不屈抗言國家何負汝汝乃欺天叛

盟恣爲不道我宋世臣也恨無尺寸兵以殺汝安能貪生事爾也時金人帳中執兵者皆愕眙相視琶八曰且令出左右驅去及其家屬四十餘口於南門外同日殺之越人作大窖瘞其屍其弟餘杭令息收葬于天柱山去死國與衛士唐琦時事相同琦有旌忠祠而去以流寓迄無建白之者明嘉靖壬寅知府張明道始剏大節祠並琦祀之於是越人始知有曾公云

祀鄉賢

唐琦本衛士建炎間高宗航海琦病留越州李鄴以

城降金人琶八守之琦衲石伏道旁伺其出擊之不中被執琶八詰之琦曰欲碎爾首死爲趙氏鬼耳琶八曰使人人如此趙氏豈至是哉又問曰李鄴爲帥尚以城降汝何人敢爾琦曰鄴爲臣不忠吾恨不得手刃之尚何言斯人爲乃顧鄴曰我月給才石五斗米不肯背其主爾享國厚恩乃若此豈復齒人類哉詬罵不少屈琶八趣殺之至死不絕口事聞詔爲立廟賜名旌忠

龔生上虞人伉健有智畧建炎中金兵渡淛江次上

虜所至焚掠民皆竄山谷生獨奮臂諭其里人李氏伍氏郭氏曰金將屠吾邑吾屬雖力不敵有死不可去遂募民之果悍者得數人迎縣令丞依險自固分署隊伍整兵環向以待之金軍至出其不意驅衆先登嶺嶠投石擊之且率衆薄金軍軍驚却斬其將殺傷甚衆生亦戰死

張愬一名景説字欽甫嵊人紹定四年爲定城縣尉攝麻城縣事適金人攻破砂窩關深入麻城兵不支被執欲脅使降愬叱曰吾氣吞若曹顧力屈耳吾從

汝爲不義耶遂遇害事聞贈通直郎祀鄉賢

唐震字景實會稽人少居鄉介然不苟交有言其過者輙喜既登第有權貴者擬牒薦之以示震震納之篋中既又干震以事震手還其牒封題如故其人大愧咸淳中由大理司直判臨安府是時潛說友尹京倚賈似道驕蹇亂政震每矯正之時江東大旱擢知信州震奏減綱運米蠲其租賦令坊置一吏籍其戶口勸富人分粟使坊吏主給之所活無算擢江西提刑過闕陛辭賈似道以類田屬震震謝不能行至部

又以疏力爭之趙氏有守阡僧甚暴横震遣吏捕治似道以書營救震卒按以法似道怒使侍御史陳堅劾去之咸淳十年起震饒州時興國南康江州諸郡皆已附元兵畧饒震發州民城守上書求援不報元遣使說降通判萬道同勸從之震叱曰我偷生負國耶立斬元使堅守不下明年春元軍大至城中食且盡都提舉鄧益胥遁震盡出官錢募戰士莫有應者城遂潰元兵入執震署降震奮罵曰我恨力寡不能盡殺爾賊乃降爾耶遂與其兄椿及家人俱遇害張

世傑復饒州判官鄔宗節求震屍以塟贈華文閣待制謚文介立廟賜額褒忠官其二子　祀鄉賢

趙艮坦字平甫孝宗諸孫寓居上虞寶佑二年進士知永嘉瑞安福清並以廉介名會吉廣二王走閩中檄艮坦以軍器監簿贊軍事於是募兵守禦元兵南指力屈就擒脅降不屈繫獄中二年作書付其家曰試令三載無愧於心守節三年不屈於敵只因忠義二字累及老稚一門吾今惟死而已後元帥詰其不屈狀對曰生爲宋臣死爲宋鬼速求一死遂欣然就

刑

祀鄉賢

趙孟嵤山陰人福王與芮之從子也元兵入臨安孟嵤謀舉兵於越事泄被執至臨安范文虎詰之孟嵤詬曰賊臣負國共危社稷我帝室之冑欲一刷宗廟之恥乃更以爲逆乎文虎怒驅出斬之過宋廟呼曰太祖太宗之靈在天何以使孟嵤至此杭人莫不隕涕旣死雷霆晝晦者久之

吳觀字叔大新昌人嘗爲稽山書院山長與邑人陳非熊皆業儒有氣節元兵入浙東恭帝北轅檄報相

對慟哭即與協謀奉宋宗室趙節使圖恢復集義勇千餘繕城固守力戰而死非熊弟羆虎子圭塈姪播坑數十輩皆被害惟子壎留新昌獲免痛父死難屏居讀書後至元十四年婺寇掠新昌邀擊陳宣尉壎率宗人赴援聞宣尉死憤激決戰皆歿于敗兵嶺可謂世濟忠烈云觀非熊並祀鄉賢

何雲字仕龍諸暨人德祐間北兵至傾貲倡義築柵率鄉人抵禦不支與其子嵩並死於難

朱光字吉父諸暨人明經敦行元伯顏下江南遣裨

將上官綦招撫浙東至縣光與同邑張軫等率鄉民
抵禦光被執已占曰生為大宋臣死為大宋鬼一片
忠義心明月照秋水賊怒以火燃之三日始絶軫亦
死之光嘗註西銘人多佩誦云
余廷簡餘姚人咸淳間進士任溧水丞元兵至不屈
死之
（元）董旭字太初新昌人公健之後也少負英氣慱通
羣書與邁里古思最友善古思欲與師討方國珎臺
臣怒其不禀命殺之旭作詩傷悼辭極哀楚遂歸隱

山中已而國珍據台慶欲羅致幕下旭拒不受乃作詩曰鬱鬱芒碭雲未辨蛟龍形熒熒祥星光未燭夾馬營君子慎其微草露不可行國珍復強之終不屈遂遇害

胡存道字師善諸暨人至正甲午辟爲松江路學官苗兵入城縱火大掠獨守學舍不去死之前一日題其壁曰銜命來分教臨危要致身但圖存聖像不愧作儒臣郡人立祠繪像刻之於石

顧生上虞人平生以忠義自許至正間鄞寇方國珍

侵上虞時邁里古思守郡城帥兵拒之生聚鄉兵出應與賊兵戰于曹娥衆寡不敵遂遇害里人瘞其屍江岸後岸被濤上下皆齧而生冢獨完人咸異之

〈明〉王綱字性常餘姚人洪武初以文學徵見上親策治道拜兵部郎中未幾潮民弗靖擢綱廣東叅議往督兵餉綱致書與家人訣携其子彥達與俱單舸往諭降之還至增城爲海寇曹真所得日爲壇坐綱上羅拜脅爲謀主綱開諭禍福曰爾何爲者今天子削平僭亂爾當爲良民同享太平奈何自取死耶賊怒

遂遇害彥達哀號請代不得且哭且罵曰賊并殺我其部長曰父忠而子孝殺之不祥與之食不顧賊憫其誠孝釋之乃綴羊革裹綱尸以歸後有詔立廟死所額曰父子忠孝彥達于與準閉門力學有司以遺逸薦逃之山中終身不仕

董曾字貫道旭之弟也師鄉先生潘嘉通習經史善古文元末不求仕進方國珍欲官之不受避居東陽山中明太祖駐蹕金華以禮招致曾往見說以經畧授知無爲州遇陳友諒寇城被執不屈而死州人立

碑頌德其所著有詩集天姥山賦行世　祀鄉賢

陳性善本名復初以字行山陰人洪武中進士授行人司副已而入翰林爲檢討嘗奉勑入内閣錄劉太史秘書時天威嚴重進見者無不震恐失措性善獨俛首從事從容詳慎既竣書法姸好明太祖甚悅未幾超拜禮部左侍郎以薦賢爲已任皇孫在東宫已聞性善名及即位悉心委任嘗賜坐問當今治道之要性善條陳世務酌其緩急先後奏之悉見施行既而行不竟性善又切諫謂爲法自戾無以信天下成

祖靖難師起大戰白溝河李景隆潛納欵性善時爲監軍知事不可爲躍馬入於河死之後加追戮徙其家於邊尋悟其忠悉赦還

黃里字德鄰山陰人幼有大志以節義自許從王晃學通春秋三傳工詩詞洪武初舉明經授雲南州同知與弟亨偕往七年山寇突入倉卒里以身禦之寇欲奪其印里執弗與且詬駡求死遂遇害寇方肆擄掠亨痛忿致死命率衆百餘與寇戰勇氣百倍寇不支潰去亨亦傷其左目瀕死抱兄骨歸葬人謂里死

官而亨破寇忠義萃于一門惜未有以其事上聞者

殷旦蕭山人永樂初進士爲監察御史敢言自任不避權勢錦衣衛都指揮紀綱怙寵奢僭旦劾其奸惡數十事綱遂棄市自是貴倖歛戢當時有殷旦入朝百官失色之語拜交趾按察司副使黎利叛安南復沒于交趾悉逐朝廷命吏易以所親獨留旦欲用之旦不屈自經死交人義之具棺衾送其妻子出界上

祀鄉賢

龔全安字希寧其先蘭谿人從父戍越遂爲越人永

樂末舉進士授給事中遇事敢言擢通政司叅議轉通政歷官以清謹聞正統巳巳從蹕北狩次土木駕陷死之景泰初遣官諭祭贈通政使錄其子

謝澤字時用上虞人贅會稽余貴張氏因家竇姜村永樂中舉進士授刑部主事歷郎中在職推立法意愼持不刻同列服其詳雅會戶部侍郎周忱經畧東南運賦薦澤爲巳副居淮浙數年勞績茂著出爲廣西右叅政佐柳侯征蠻招撫全活者以萬計當是時澤與甄完胡智皆以藩憲有聲人稱越中三良云正

統十四年駕巳北狩邊境戒嚴朝廷擇才望守要害貴臣有受命者巧爲規避而澤以九載考績待除闕下遂拜澤通政使提督居庸白洋等關是時京師軍伍空虛澤單騎以往其子棊送之出境執其手與之訣曰吾必以死報國矣旣抵關上士卒方散亂又不知通政爲何官無一人出迎者澤乃宣勑旨將士乃稍稍至然皆懊怯不振頃之寇大入吏卒皆散走獨澤猶率羸卒般山口且拒且却或請移他關姑避其鋒可無虞澤曰吾受國厚恩三十年此豈偷生日耶

會風起沙塵漲天人馬不能辨遂得却走入關南佛寺中急猝門不暇閉寇突至澤端立厲聲叱之遂遇害寇騎方克斥其僮曰由吉者抱澤尸匿亂尸中始得歸朝廷嘉其忠詔賜塋祭錄用其子儼大理評事曾孫元順正德丁丑進士終工部郎中　祀鄉賢

毛吉字宗吉餘姚人景泰五年進士授刑部主事是時錦衣衛指揮門達等怙勢作威其黨有犯有司莫敢問獨吉能懲其犯者如他犯於是其黨交啣之吉偶以失朝下詔獄乃群嗾健卒挺之幾死轉廣東僉

事分巡潮惠劇賊楊輝據程鄉之寶龍石坑龍歸三峒攻掠城邑吉督七百餘騎破賊三千衆擒其黨曾玉謝瑩而寶龍之賊伏山上發毒弩我軍不利乃選死士百人掩擊之楊輝殪衆遂驚潰凡破三峒斬首五百級俘六千人又擊破雷州巨寇部內悉平捷聞降勅獎諭陞副使總理軍務賊又攻河源縣吉屢敗之餘衆遯于陽江之雲岫山我師狃勝突入賊營陣亂賊合乘之我師潰從騎勸退避吉不聽死之是日晝晦烈風雷雨大作山谷皆震動踰七日得屍貌猶

若生事聞贈廣東按察使謚忠襄遣官諭祭錄其子科入太學廣東及餘姚皆廟祀之初吉之遇害也貧無以歸僚長以犒軍餘銀寄付吉家僮爲道路費吉神降于僮婦亟呼曰夏憲長吾生平玉絜肯含垢入地下哉悉索還之閩署駭觀謂其死無易節如此科後亦舉進士有名官終提學副使祀鄉賢

孫燧字德成餘姚人弘治癸丑進士自刑部郎歷藩臬並以廉幹著聲宸濠逆謀日露朝議選才節大臣權其機牙擢副都御史巡撫江西燧聞命嘆曰投艱

於我死生以之携二家僮行過玉山題詩草萍慨然
以忠義自許旣入南昌人情方汹汹諸奸黨内外盤
結燧殫力苦心密爲牽制之計首城進賢又城南康
又城瑞州請復饒撫兵備又請敕湖東道分廵兼理
兵備與饒相犄角九江當湖衝最要害請重兵備權
兼攝諸州郡便控制廣信横峯青山諸窯地險人悍
請設通判駐其地兼統六縣恐濠一旦起掠兵器盡
出之外府凡七上疏言濠必反輒爲奸黨所邀匿弗
達乞休又不允積憂勞數月鬚髮盡白御史蕭淮發

濠反狀朝廷遣重臣卽訊濠懼將舉兵會生辰宴官屬明日入謝濠匿諸兵校幕中出立露臺宣言太后密旨詔我監國燧請密旨看濠曰不必多言我往南京汝保駕否燧張目厲聲曰天無二日國無二王太祖法制在誰敢違之濠怒卻入殿中易戎服以出幕中兵皆出露刃環立濠大呼罵曰我何負於汝汝奏我七本燧曰朝廷何負於汝汝反耶一時官屬駭愕相顧咸股栗不敢出口獨副使許逵奮起爭孫巡撫朝廷大臣汝安得辱侮無禮濠遂喝武士縛燧及逵

出惠民門外斬之皆挺立不屈罵不絕口遇害日方烈忽陰曀黯慘無光城中男女無大小皆流涕士卒皆扶携哭弔盡哀燧死節久之阻於佞幸未得褒贈嘉靖元年始贈禮部尚書謚忠烈立祠祀江西錄其子世錦衣千戶先是弘治壬子浙試場夜半見二巨人衣緋綠東西立自言曰三人好作事忽不見已而燧與王守仁胡世寧同舉及濠之變胡發之孫死之王卒戡平之世以爲偉談忠烈公三子堪墀陞堪以父蔭官錦衣中武舉第一歷都督僉事贈都督同知

初聞父訃慟哭挾刃率二弟赴之會濠已擒乃扶柩歸廬墓三年有芝産墓上已而奉母楊夫人就養京師日率二弟侗顔色拜跽起居務盡其歡而當退處痛其父淚時時霑臆也及楊夫人考終已九十餘堪亦踰七十矣竟以哀毁骨立卒於途撫臣上其事詔特以孝子旌之堪領鄉薦以文學入典内制終尚寳司卿其孝友無間於弟昆陞自有傳孫氏父子兄弟間文武忠孝尤世所希儷云祀鄉賢

祁采字亮之山陰人少刻苦向學有節槩正德戊辰

登進士授刑部主事不能阿部長部長附吏議奏謫大名教授稍遷裕州同知適流賊起河北殘破州縣勢甚熾采身率裕人繕城以待賊至裕守欲棄城走采曰毋爲民望乃身先登陴矢石四下賊避城而營則又遣人潛俘其醜手刎之灑淚以激州人州人感且泣人人願效死賊稍稍引去采計其必復來滋練兵厚爲備令人舁妻女託其友儀賓莊士儁且與訣曰脫賊再至采必死所欲以家累累君者恐重傷老母心也莊館其妻女於母所已而賊果擁衆譟呼至

守益怖欲走采曰毋恐西南城塹河也寇難遡屬公東北平淺易破有采在左右知采必死謂曰母在柰何死采曰止曾是偷生以爲孝乎賊攻東郛不克守開西門潛遁去賊乘之入采還救巷戰被執罵不休賊裂其口輔殘其體事聞詔贈光祿寺少卿命一子入監采無子子其弟東之子猻采既死賊擄𥛚二旬乃退莊率其家人於亂屍中辨其屍而殮之已而奉其柩及其妻女壻家泣送以行唐王大書忠節字以旌之采所著有蘭州集毀於賊手獨六思詩及賊退

古詩數篇莊收之故傳采誠忠臣莊亦義士也哉

高陵呂柟撰墓誌又爲裕州哀七章其一別駕守裕城堅牢鐵相似太守開門逃縣令別駕死其二愛母心無窮愛王心無疆妾身奉老母我身許明王其三裕城即汝家裕民即汝子如可贖君身人人爲君死其四城存我當存城亡我當亡敢怨阿太守殺我在城隍其五生知爲別駕死知贈光祿豈爲貪官爵惟恐汚簡牘其六渠畧斃黃昏卉莽枯秋天君生三十六勝人一百年其七結交結君子生死皆可訓要知郁亮之但看莊士儁○莊士儁亦有詩云身後春秋有是非路人爭以口爲碑重于岱嶽捐軀日怒若雷霆罵賊時那忍范滂猶有母尚憐伯道竟無兒皇天我墮睢陽淚半月荒城未累屍○祀鄉賢

杜文明餘姚人嘉靖乙卯五月倭賊犯姚境文明同

其子杜槐練鄉兵爲守屢立戰功槐斬魁一人從賊三十二人力竭而死賊亦敗走十月賊寇寧波文明從主簿畢清率鄉兵禦之遇賊于奉化之楓樹嶺並戰死一歲之間父子死於王事其忠義足嘉云

謝志望國子生胡夢雷庠生並餘姚人金應暘山陰人賊自海上蔓延姚嵊志望等與知事何常明分道率鄉兵禦之倉卒遇賊于四明之巾嶺及三界伍婆嶺諸所頗有斬獲後竟以矢盡力竭並遇害事聞詔贈何常明謝志望太僕寺丞蔭一子入監胡夢雷金

應賜州同知給其子冠帶建祠於紹興額曰褒忠云

舊志云按志望蓋文正公之元孫也大賢之後故其死難事易聞而得旌甚速何胡諸人彼所謂附驥者也據予所聞杜文明父子前後戰死事甚偉而竟泯泯焉何哉當府又有姚長子者賊由諸暨突入郡境獲長子責其刷使爲導長子乃紿之西而脅呼鄉人曰俟我過某橋若等亟撤之我引賊入絕地可悉就擒我死不恨後果陷賊于化人壇四面皆水我兵截其後賊知爲所紿殺長子剉其屍賊百三十餘人乃盡殲於此鄉人立祠祀長子於死所嗟乎若姚長子者其亦唐將軍之疇哉當事者未聞加䘏而公論顧出於野悲夫悲夫

黄尊素字眞長餘姚人萬曆丙辰進士授寧國府推官能繩强宗以法擢御史時朝臣鄒元標劉宗周相

繼去位力請召還以襄國是不宜聽之去京師地震言魏忠賢客氏實致天變有旨廷杖閣臣韓爌解之得免及楊璉劾魏閹尊素又言小人爲惡初猶畏主知畏人言至於形見勢窮復何顧忌今臺諫折之不足後恐干戈取之亦難爲力矣部郎萬燝杖死尊素言爲廷杖之說者必曰祖制不知二正之朝王振劉瑾爲之嘉靖時張孚敬嚴嵩爲之萬曆初張居正爲之人主受拒諫之名姦人快復仇之實後世有秉董史之筆者書曰某月某日部臣萬燝以言某事死可

不爲聖明之一累耶時熹宗委政魏閹而婦寺相爲綰結又連外庭小人毒螫善類尊素謂同志曰予聞之范文子矣能內睦而後圖外今閹人伏慝吾輩角爭以啓之非國之福也阮大鋮之去尊素嘗爲周旋於魏大中左光斗閒而不得大鋮遂授閹以百官圖大中劾魏廣微尊素曰不可此小人之包羞者也禁之何去其所包大中卒劾之廣微遂爲閹之心膂由是時事益爲決裂明年削尊素籍又明年閹人李實以講學劾之被逮而緹騎爲吳人箠死尊素聞道路

獄魏閹使許顯純嚴刑以訊拷掠尊素訖次及李應昇尊素復就拷顯純詰之尊素曰吾恐見李公負病受毒楚乎顯純爲之動容獄中被害時北向再拜以謝君南向再拜以謝親賦詩一章畢命後魏閹伏誅詔贈太僕寺卿謚忠端（畢命詩正氣長留海岳愁浩然一往復何求十年世路無工拙一片剛腸總禍尤麟鳳途窮悲此際燕鸎聲雜值今秋錢塘有浪胥門目唯取忠魂泣鐲鏤）

陸夢龍字君啓山陰人萬曆庚戌進士授刑部主事時淮撫李三才之僕盜皇木郤罪七商夢龍力爭於部竟戍三才僕且特疏以折其狗庇及出爲九江道

值黔省苗蠻攻掠郡邑官兵數戰無功川貴總督蔡復一知夔龍才可監軍調至黔委令清伍時黔兵多虛籍點覈間即斬弁高拱北衆軍肅然賊犯普定州夔龍乘大霧率五百人破走之後寇思州將士退縮身突戰焚賊營寨功多紀録粤帥附魏璫爲建祠立碑潛列其名亟令剷之勿與也再任兖東道勦巨盜陳善等以靖遠遴調陝西固原時流寇自豫入秦崇禎甲戌夏犯固原擊之去又犯秦州馳救之秋入靜寧州以兵堵勦及陷隆德隆德本非所轄檄將賀奇

勳石崇德等禦敵乃偵者妄傳賊不滿千而猝遇數萬于老虎溝討兵特三百人方欲依山爲勢以待援師賊衆矢石如雨勢不可支賀石兩將抱之泣夔龍曰何作婦孺態大呼而出手刃數賊賊併力夾攻遂與賀石俱遇害踰三日覓得其屍顏色如生贈太僕寺卿予廕給祭葬謚忠烈士人立祠祀之所著有易畧四書解慈生集黔行錄

張名世字今我山陰人萬曆乙未中武榜歷官雲南都司有苗長阿克擁兵結象陣陷武定府之一州三

縣名世擊之一日盡復其地忌者謂其多獲金寶思重賂不得因誣爲冐功入刑部獄督師特疏出之期以北邊立功時邊帥擁重兵者乘間遁歸名世曰吾受國恩且以纍囚起爲上將不能報國何用生爲遂戰死陣中贈中軍府都督廕一子

顏日愉原名洪節字陽華上虞人萬曆癸卯登鄉書初任盧氏令以不阿上官罷職後補河南葉縣累遷南陽知府時流寇猖獗所過城邑望風輒靡寇攻南陽既堅守月餘內兵罷敝一夕寇解去日愉揣其回

衂仍登陴戒嚴夜逾半賊以精鋭至梯城而上遂被執爲所害贈太僕寺卿廕一子

馬驄字最白會稽人萬曆戊午武舉三科中式歷登州府叅將崇禎間兵變圍攻郡城驄堅守一月請援師不至潰圍出戰被創者十有六乃被擒不屈而死兵退方盛暑不改生面闔門眷屬亦並死節事聞賜祭一壇廕一子錦衣衛小旗

金應元會稽人萬曆辛酉中式授太湖縣令賦性質直居官循循以法邑稱良吏崇禎間流寇突至縣土

城又無兵可守應元據廳事公服南面坐賊入罵不
屈死之贈光禄寺丞廕一子其被害時孫兆嘉甫九
歲亦罵賊同死
姜道元字敬勝餘姚人鏡之子以順天副榜恩貢授
山東布政司理問攝臨清州篆歲旱漕河盡涸道元
謂事屬於神可以誠通乃禱之雨隨澍河流大增糧
艘得以前行居無何濟南被圍職守北門道元以俸
貲募丁壯相與僇力數旬不懈及城陷被執不知其
官也視之肘有印脅令降不從遂見殺妻來氏自沉

署後湖中子廷標從之死後以事聞予褒卹又子廷樺順治甲午舉於鄉

趙德遴字公銓上虞人應天中式崇禎庚辰任四川東鄉縣令伊地爲賊淵藪殫力守禦死生以之乙酉夏賊圍城多以砲弩中賊竟由地道入德遴知事急矣投井死有尉王佐者收其骸井中獲佩刀衣玦爲殯西郊子振芳奔奉骸骨以歸後任建寧府同知

陳孔教字魯生會稽人萬曆壬子舉於鄉歷工部郎中崇禎癸未出爲四川僉事方蒞任獻賊破省城孔

敎以川南道督所部守禦旋被執不屈而死先是謂
其妻孔氏曰賊勢急我行不利必以身殉爾爲命婦
宜暗藏利器不遇變則已遇則可以刼賊及孔敎殉
難子以衡紿其母南竄匿不與知踰年孔氏偶詰以
衡書室見兵備道周夢尹所請有孔敎盡節應邺事
讀畢哀號殞地罵以衡汝父死已二載我尚偷生不
肖子使我無顏見汝父地下卽發所藏匕首斷喉死
旌曰一門節烈
俞志虞字際華新昌人崇禎甲戌進士授四川順慶

府推官政尚寬恤囹圄爲之一空歲丁丑流寇入蜀取道順慶府士民議欲堵寇志虞曰不可寇之深入必因大兵追蹙若以鄉勇出鬭是棄民也唯登陴堅守以待之未幾督師者至喜其鎮靜特爲題敘兼攝重慶司李事以行取例入京上親策弭盜等事條對中旨擢御史甲申奉差巡關甫舉劾邊帥聞闖寇逼境吏曰惟他巡可以避難志虞曰吾當以王事死豈可假王事以求生乎旋聞京城陷輒投繯幼子解其絡乃曰忠孝一致我不忠即汝不孝其子曰惟欲父

知皇上存亡爾及得報即回東華門大慟潛至館自縊死袖遺書云我分當一死不死于居而死于館毋使賊知有我今郡人所建祠與施邦曜倪元璐並祀

吳從義字歲清山陰人崇禎庚辰進士授陝西長安令居官耿介會闖寇壓境從義佩刀擐甲晝夜巡守適內親送繼室胡氏至誓不成婚志在以死殉國及叛兵開門納降城陷即縮印于肘投井而死無子崇禎十七年優詔恩卹　祀鄉賢

章尙絅字闇然會稽人以國學生歷官秦藩左長史

崇禎癸未闖賊李自成陷城尙綱自縊于秦藩端禮門次年臺省霍達韋正宸等以疏聞贈按察司副使予廕賜祭塟建祠康熙三年載入陝西通志

趙嘉煒山陰人由監生授四川郫縣主簿崇禎十七年春月到郫甫三閱月獻賊奄至蜀有都江大堰不在郫而在灌灌去郫二十餘里簿職宜守堰嘉煒謂是蜀人生命所關遂晝夜巡守有告以天社間可避者弗聽竟遇賊誘之降不從乃赴水死堰卒覓屍瘞知其沉于安家口乃封土以塟其事載成都府志

周崇禮字敬生山陰人少有奇氣通經史奉孀母至孝崇禎間任滎陽縣典史時流寇熾甚屢向縣令楊節陳繕禦計楊不爲意寇萬餘薄城縣令棄城走崇禮死守不去賊駕樓車發大砲破縣南門猶衝戰殺賊竟死之會大風作積屍皆血沙土蒙面目獨崇禮顔色如生事聞賜祭而死事地方建捐軀報國坊有祠祀之

章贊元字素完會稽人由吏員授四川江油縣典史縣治無城崇禎十六年流寇入境縣尹避入山贊元

以禮服坐縣廨家僮促之走乃拔刀欲刃其僕曰我食君祿守此土何以偷生爲及賊之嚮導至乃縣民也素知贇元廉正不忍害勸使去不從賊大至脅以降終不屈遂奔浮橋躍水而死民爲立廟祀之

施邦曜字爾韜餘姚人萬曆巳未進士授工部主事督琉璃黑窰二廠奉旨以嘉靖時舊式作獸吻邦曜不知式何等夢神告云南方沙土中有之發地果然遷屯田司郎中閹人涂文輔監督二部邦曜恥屈其下請降俸出知漳州府洞悉民隱每有盜發輒曰此

必其也其里貫姓名無不知者李魁奇亂或請以侧撫之邦曜曰苟如是將又爲閩疆一蠹也從廵撫鄒維璉悉力定之劉香橫海外乃縶其母且錄其徒衆使誘之海隅香卒授首累陞福建布政司入爲通政使尋罷職再召爲南京通政使陛辭言事當上意出都三日即遣中使召還擢左副都御史時李寇竊據自雄邦曜請部檄兵爲勤王討而當事者泄泄嘗憤極繼以怒罵未幾寇陷京師邦曜在東長安門大慟哭書曰慚無半策匡時難惟有一死報君恩迄寓投

繯絕墮地面目盡腫復飲毒不死投燒酒促之七竅血裂而逝

國朝禮部議優卹追謚忠愍康熙十一年郡守張三異知其無子未營塋捐俸及邑令潘雲桂治之豎表勒碑如例按邦曜之死前一日同邑鄭翼雲問曰城將破若何荅云惟一死爾寇入城翼雲亦自縊乃爲其妻所持寇聞而執之竟以搒掠死

倪元璐字玉汝上虞人年十六舉於鄉天啓壬戌成進士授庶吉士時魏閹竊柄朝臣多附之從違間生死繫焉元璐介然獨立若不知有閹者群小害正不

容于時梓有三朝要典混淆是非中外人心憤甚崇
禎踐祚元璐奏請焚之又疏糾楊維垣等骨鯁大著
尋典江右試再分較南宫名士無不售者歷侍讀學
士充日講官陳十六策率言制實制虚所以濟時上
揭之御屏頻爲省覽時有忌而劾之者遂罷職去歲
壬午寇氛日熾詔起爲少司馬卽條奏勦禦情形時
中原鼎沸今日喪一旅明日陷一城上知寇流不知
寇之竊據當軸諸臣匿不報閣臣陳演不欲元璐爲
本兵乃言于上曰欲天下治必使兵農合若倪元璐

爲司農馮元飈爲司馬則濟矣既而視事見額餉左支右絀日夕持籌朝議方欲開採力爭之始寢會中使分路出鬻浙直桑穰疏稱其害乃得撤隨勸元飈以寇裂版圖客奏聞至是宮中愕然知時事不可爲矣未幾詔元璐仍供詞臣職甲申二月陳政府缺失無救時良相上怒而入宮及聞寇將犯闕元璐請遣東宮急治金陵宮殿上猶豫不果召勤王師無至者三月乙巳寇圍京師越三晝夜丁未城陷元璐整冠帶北向謝闕内向謝母出就廳事題案云死吾分也

慎勿棺衾以誌吾痛遂投繯死

國朝嘉其節順治八年遣官致祭立祠京邸春秋祀

焉追謚文貞仍予地七十畝贍祠康熙十一年撫院

范公承謨捐俸及郡守張三異營其墓事 祠鄉賢

周鳳翔字儀伯山陰人崇禎戊辰進士讀書中秘出

典江右試以公慎稱授南少司成時大司成許士柔

爲小人所枉特疏申救之憤權黨相繼黃道周等罷

斥于是草疏抗言中外聞其直及寇氛日逼軍需告

匱朝議欲歛民財上疏云今日事勢宜發帑以安人

心不宜摟括民財無何寇薄城下甲申三月十九日
京師陷次日投繯而死
童維坤字弘載嵊人武驤衛籍萬曆己未登武進士
歷陞眞定遊擊崇禎癸酉夏勦寇大名府連戰皆捷
冬赴援趙州追寇至內丘寨地勢漸險寇得所倚監
軍副使盧象昇謂兵家乘勝可以一舉成功急令轉
戰至摩天嶺出山北迎敵寇踞山南以高擊下維坤
血戰死事聞追贈都督僉事世襲百戶
陳二益字友芝山陰人崇禎間以太學生授中牟丞

河南旱蝗遍野民饑父子相食三益盡發其資爲粥
糜賑之多全活者時闖寇滋蔓民聚爲盜三益集丁
壯築堡立寨以支旦夕幕府奏爲儀封令仍兼中牟
後寇日熾封丘原武無邑令遂兼佩數印率民兵往
來繕禦者四載甲申寇陷都城僞使者以招撫至同
官或勸出迎三益感憤引斧盡碎所佩印不屈而死
子必成順治乙未進士贈三益清吏司主事
皇清王之鼎字公調山陰人幼穎異應對驚人塾師
謝不敏輒辭去謂非儔輩所及弱冠小試未售乃浩

然遊京師遂補順天諸生文譽籍甚畿内後進咸從之凡經指誨輒爲聞人順治乙酉登賢書丁亥成進士授山西祁縣令祁爲汾潞要衝自流寇披猖以來兵燹仳離井閭殘廢之鼎甫下車目擊瘡痍心惻之值旱魃爲虐飛蝗蔽天之鼎徒跣虔禱雨降蝗滅歲轉稔邑人頌之在任二載繕城郵獄課士勸農邑無不舉之頹廢撫按以循卓交章入告居無何雲中姜逆背叛郡邑咸被淪陷分蹂汾潞將窺太原以爲巢穴討兵犯祁境時僚佐參集倉卒無措之鼎乃慨然

曰祁爲太原籓籬無祁則太原失犄角之勢而西北一帶人心風鶴矣遂糾鄉勇激以忠義晝夜乘城固守間出奇奮擊擒其賊首范計獻俘　親王　題報叙功賊之不能長驅犯會城者實祁挫其兇鋒也奈賊勢猖獗併力悉鋭攻祁轉甚一時禁旅未至外援盡絶内力不支城遂陷之鼎猶奮其餘勇率衆巷戰力屈被執罵賊以死時家僕民壯皆感之鼎忠義多不屈以殉歲順治巳丑四月之二十六日也撫按具題得旨褒卹贈之鼎山西按察司僉事予祭葬子名

紀鄗齡旋越補山陰弟子員力學苦攻以數奇不偶乃北上承蔭應授國學典籍緣員多缺少凡守候者率無選期紀具疏籲陳部議雖准增國子監學正數缺而壅滯如故紀再伏　闕請援漢軍例疏凡三上特奉俞旨一時未選者皆叨沐　殊恩而無守候之苦矣授山東陵令著有政績不事追呼課完盜息民賴之撫軍以卓異薦遷徐州牧兼理徐倉纂務剔釐漕弊監修險工政聲嘖嘖因屬邑盜案詿誤解任隨經總河靳輔檄委監理徐屬河工未幾以目疾告歸

酈亂昌字叔典諸暨人由諸生入國學循例積分授山東沂州同知值恭順王以兵闢湖廣亂昌隨征著有勞積判永州府王凱旋僅留鎮兵駐防未幾有敵騎圍城乃以糧盡援絶城陷亂昌及妻黄氏季子尚英悉死之贈湖廣按察司僉事廕一子 祀鄉賢

王明臣字枚仲山陰人順治初由貢生爲山東照縣令四年土寇入城死之部議廕一子入監

吳錫綬字紫卿會稽人生有異瑞祖父皆奇之相從同里董念陛學命之曰吾輩讀書垂名千載寧必以

書生終哉錫綬遂應丁酉武舉戊戌武會試成進士
初授右金吾覃恩廕子適遭父喪以武臣循例奪情
哀毁幾危再補固原於六千里外迎母奉養遷廣東
都司援勦雷廉斬其巨逆緣雷郡多警遂授左營再
選羅定戊午春巡撫傳開粤西檄錫綬爲前鋒五戰
五捷直抵平樂賊騎數萬決潯水以截援師錫綬飲
血鏖戰糧盡矢絶自刎以殉從死者數十百人事聞
贈昭武將軍賜祭葬錫金廕子錫綬洵垂名千載矣
王焜字爾旭會稽人少而孤與吳錫綬同受業于董

念陛之門授宜山令殉難諭祭葬廕一子
蔣鈖會稽人以守備管遊擊事力戰陣亡贈都司僉
事諭祭葬
薛人鳳字仲輝山陰人以明經授夔州通判譚賊叛
殉難贈僉事諭祭葬廕子文嶽入監讀書
陸之蕃字恒侯會稽人江西鄱陽縣知縣康熙乙卯
五月殉難於鄱陽贈按察司僉事賜祭葬廕子曾四
川儀隴縣知縣
成國樾字德咸會稽人藴松提督前營叅將康熙甲

寅會勸台州殉難於浮橋　諭祭葬廕子都福建廈門都司

諸士英會稽人典史殉難賜祭一壇

蔡佳號麗菴蕭山人力學能文貌若處子而負大志丙午武舉薦于鄉甲寅閩變隨　和碩康親王征勦屢次招撫僞將王龍呂振憲三十餘人并叛卒千餘人以功授都司會議進閩招撫衆皆退縮佳曰平生忠孝自期今何諉焉請往遂賫　親王令旨偕同知汪士嵋直入賊營爲僞將曾養性所逮義不肯屈曰

吾王臣也寧爲忠鬼遂被害衆皆壯之
吳師貞字雨吉會稽人以武生應募授守備有勇敢能以少擊衆屢以捷聞俟陷耿逆伏莽中大炮死次子某率十餘騎衝殺覔父屍亦死之長子某以駕舟供母未獲題叙女適胡早寡守節撫孤時人稱其忠孝節烈出于一門云

紹興府志卷之五十一終

紹興府志卷之五十二

人物志十五

鄉賢之九　孝行　義行

人生則有父母自孩提而上有不知孝者非人也然而履常處順則其名弗彰凡史傳所載其必有奇節異徵者哉乃若義之類雖甚廣要皆孝之推也記曰伐一木殺一獸不以其時非孝也則夫愛人之親敬人之長濟人之急孰非所以廣孝者乎今則合孝義而傳之先孝行後義行則仁義之等也

孝行

漢楊威上虞人少失父事母至孝嘗與母入山採薪爲虎所逼自計不能禦於是抱母且號且行虎竟弭耳而去今縣之東北有孝子楊威母墓見水經

包全上虞人能養以孝聞其所居處曰孝聞嶺

三國丁覽字孝連山陰人八歲而孤家素微清身立行用意不苟推財從弟以義讓稱補郡功曹守始平長門無雜賓孫權深貴重之未及擢用會病卒覽子固字子賤少喪父而家貧養母孝敬備至族弟孤

弱與同寒温嘗夢松生腹自謂後十八年當爲公竟歷顯位遷司徒時孫皓悖虐固與陸凱孟宗同心憂國年七十六卒

初庚山陰人樊江上虞人咸代父死

朱朗永興人性至孝父爲烏傷長陳頵所殺朗志在報讐未聞頵死往其家刺其子殺之魏聞其勇擢爲揚武將軍

晋夏方字文正永興人年十四家遭疫癘父母伯叔群從死者十三人方夜則號哭晝則負土凥十七年

而塋畢因廬于墓鳥獸馴擾其旁吳時舉仁義都尉累遷五官中郎將朝會未嘗乘車行必讓路入晉除高山令百姓有罪方向之涕泣而不加杖大小莫敢犯焉　祀鄉賢

南北朝　賈恩諸暨人少有至行母亡未塋爲隣火所逼恩及妻栢氏號哭奔救隣近赴助棺櫬得免恩栢俱死于火事聞表其里爲孝義蠲租三世元嘉中追贈天水郡顯親都尉　祀鄉賢

剡縣小兒建武二年八歲抱母屍而死失其姓名

郭世通永興人生而失母父更娶世通事父及後母甚孝年十四父又亡居喪過哀家貧傭力以養後母母亡負土成墳親戚或共賻助微有所受葬畢傭賃還直仁孝之風及鄉黨人皆不忍呼其名嘗與人共於山陰市貨物誤得一千錢追還本主主驚嘆以半與之世通委之去元嘉四年散騎常侍袁愉表其至行詔旌其門改所居獨楓里爲孝行里按南史本世通而宋會稽志誤作世道

郭原平字長恭世通子也傭作養親義不獨飽父篤

疾彌年原平未嘗安寢父亡慟絕方蘇躬自營墓喪
終遂不復肉又自構祠堂每歲節常哀思不食高陽
許瑶之自建安歸以綿一觔遺之不受瑶之往謂曰
今歲過寒而建安綿好故以奉尊親爾原平乃拜而
受之及母亡毀瘠彌甚既塟墓前有田數十畝不屬
原平耕者每裸袒褻其墳墓原平輙往哭之乃竭資
貴買其田農月必束帶垂泣以耕宅嘗種竹或盜其
筍原平見盜者常墜溝乃作橋溝上又採筍置籬外
鄰里乃慙愧無復盜者宋文帝崩原平號慟日食麥

餠一枚如此五日人曰誰非王臣何獨如此原平泣曰吾家見異先朝不能報恩私心感慟爾太守蔡興宗嘗以俸米百斛饋之原平不受興宗復表其殊行舉爲太學博士會興宗卒不果 祀鄉賢

何子平山陰人少有至行爲揚州從事月俸得白米輒易粟麥以食人問之荅曰尊老在東不辦得米何心獨餐每有贈鮮肴者若難以寄親則不肯受元嘉中除海虞令縣祿惟以養母不及妻子人或疑其儉薄子平曰希祿本以養親不在爲巳及母喪去官哀

毁踰禮每哭踊頓絶方蘇屬太明末東土饑荒繼以師旅八年不得營葬晝夜號哭常如袒括之日所居屋敗不蔽風雨兄子伯輿欲爲葺理子平不肯曰我情事未伸天地一罪人爾屋何宜覆太守蔡輿宗甚加矜賞爲營冢墓祀鄉賢

杜栖上虞人京産之子也善清言能彈琴齊時爲國子學士以父老歸養父卒水漿不入口者七日旣殯晨夕慟哭不進塩菜每遇朔望節歳必慟絶而蘇嘔血數升何徹謝朏並貽書敦譬戒以滅性至祥禫夢

見其父一慟而絕初徹兄黙見栖歎曰卿風韻如此必獲嘉譽但恐不永年耳

韓靈敏剡人早孤與兄靈眞並有孝性母亡無以營塋種瓜半畝朝採暮生遂得辦塋事會靈眞亡妻胡氏守節慮其家奪巳志未得歸寧靈敏事之如母

公孫知元剡人事母孝母亡以毀卒陳宣帝改所居淸苦里爲孝嘉里

舊志云按剡志作汪姓戴草作公孫未知孰是

鄭僧保剡人居父母喪廬墓十載芝草生于墓井露

降于松栢

唐丁興會稽人家近荒野野火延燒興廬母老病倉卒不及扶抱乃濕衣覆母身死母全

張萬和諸暨人力學明經遭父母喪負土成墳兄弟廬於墓萬和卒塟大部鄉子孝矜亦廬於墓俱二十餘年墓旁芝草生醴泉出事聞詔旌其門名其里曰孝感 祀鄉賢

許伯會蕭山人詢十二世孫舉孝廉爲衡陽博士遭父喪負土成墳不御絮帛不嘗滋味野火將逮塋樹

悲號于天俄而大雨火滅歲旱泉湧廬前靈芝之瑞獸生于墓側　祀鄉賢

戴恭字元敬蕭山人居母喪廬墓十年芝草嘉禾生其側

俞僅蕭山人一門四代兄弟十五人老幼八十餘口並經術貞廉僅遭親喪哀毀骨立爲鄉里所稱觀察使孟簡書于圖經以勵風俗

按唐孝友傳敘曰唐以孝悌名通朝廷者多閭巷刺草之民皆得書于史官諸暨張萬和蕭山李渭許伯會戴恭俞僅皆事親居喪著行者天子皆旌表門閭賜粟帛州縣存問復租稅有授以官者

宋裘仲容會稽人事母至孝慶曆中母病亟仲容刲股肉飼母弟仲莊亦將刲之聞兄已進乃止母食之病輒瘳時有祥雲覆其家人以爲誠孝所感

孫寶著字天休蕭山人少孤事母孝母寢疾思梅及鳩秋月不可得仰天祈號得青梅於樹鳩自飛墮取以奉母大觀初行部使者以聞賜進士第任杭衢二州教授

蔡定字元應山陰人家世貧寒父革依獄吏傭書以資定定得遊鄉校業進士頗有聲後獄吏坐舞文革

連坐時年七十餘法當免繫鞫胥削華年籍議罪與獄吏等案具府奏上之方待命於朝定痛父非辜陷犴狴誓以身贖數詣府號愬請代弗許請効命於戎行弗許請隷王符爲兵又弗許定知父終不可贖仰而呼曰天乎使定坐視父死乎父老且傭書罪固宜釋而無所告愬使父果受刑定何以生爲乃預爲志銘其墓又爲訴牒置懷中陳其所以死者冀免父刑罪趨府橋河自投死太守翟汝文聞之亟命出其父且給貲以瘞之紹興三年太守王綯上其事立廟祀

焉賜額曰愍孝

王公袞山陰人佐之弟也母墓爲盜所發盜既捕得有司薄其罪公袞手斬盜首雪母冤詣州自言佐請納所居官贖弟時王十朋爲僉判賦詩美之且載其事於風俗賦

鄭鼎之字從革會稽人事親至孝建炎初金人寇越士女悉奔竄鼎之獨衣冠侍父湯藥不去賊至斥曰衆皆逃遯避我汝敢獨留不畏死耶鼎之曰豈不畏死顧老父年七十餘病且革不能負與俱逃若棄父

逃生必尤不忍死雖痛乎奈獨父何言與淚俱賊爲感泣舍去且戒其黨勿更入孝子閭以是父子俱免於難

楊文脩諸暨人有至性母病刲股以進病遂愈母没負土成墳慈烏數十隨之往返鄉閭欲上其事固止之文脩故病瘻道遇異人以手摩之瘻移於背居鄉德惠及人皆不忍名呼曰佛子常平使者朱熹每行部至縣必造廬與談論久之乃去其爲賢哲所重如此　祀鄉賢

錢與祖字國材上虞人少類成人長探理學母疾二年竭力致養及終貧不能塟孺子泣者五年既塟白烏千百集墓木上大鵲馴擾墓旁卒百日而後去

趙孟傳字商弼家于上虞年十六隨父武顯之官池陽道遇寇執武顯索金帛孟傳以身翼蔽父謂賊曰寧殺我勿傷吾父賊斫武顯數刄衣裂而骸不傷賊相顧曰此孝子也釋之去孟傳嘗謂人子不可不知醫乃集古方盡知其要人以疾告必爲盡誠救療弗

善信字彥忠官至監車輅院清苦自立以孝友稱

皮延字叔然山陰人事母至孝居喪廬墓有白鳩巢於廬側終喪而去

呂蒙新昌人埜父集縣北三十里杜潭廬墓久不返子琰憂懼築室龍巖迎蒙居之蒙遂蔬食終身哀慕四十年如一日蒙卒琰哀慕亦如之

〔元〕石明三四明山農夫也早喪父獨與母居山中一日明三自外歸覓母不見見壁間有巨竇而三虎子據其床知母已為虎所害乃大慟盡殺虎子操巨斧立竇間伺母虎入即斫其首碎之取肝腦礫諸庭復

大慟指天曰不并殺牡虎不生也更礪斧循虎跡阻厓石伺之牡虎果咆哮來明三奮而前斫殺虎明三亦立死不仆張兩目如生手所操斧牢不可拔鄉里拜祭而神之號曰孝子立祠祀焉祀鄉賢

陸思孝山陰樵者性至孝母老病痢思孝醫禱久之不效將刲股爲糜以進忽夢異人授藥一劑籍而得之即以奉母母疾遂愈

陳福山陰人年十歲侍母葉病衣不解帶每夜祈禱後庭刲股肉療母股刲而母已死鄉人哀之目曰孝

童郡人楊維禎爲作孝童詩

虞所字敬叔會稽人生九月失怙少知力學與人不妄交性至孝母徐嫠居老患風痺日夜奉養惟謹毋坐床下候顔色自爲藥劑飲食以進如是者七年毋忘其有疾也部使者廵行至郡輒造其廬訪治道嚮答曲中郡守泰不華尤禮重之後徵爲會稽學諭辭不就

金松一蕭山人至正間以家貧傭工養母凡遇魚肉必持歸以奉母一日母病篤思魚時天大寒江水亦

凍詐無所出乃往漁浦渡頭叩拜祈天須臾鳥自西來墮雙鯉於前持歸供母病即愈

胡忠字景莊餘姚人宋尚書沂六世孫弱冠哭父耳鼻出血事母至孝與庶弟明睿同居共產有瑞榆之徵時州郡新附多盜賊忠出貲募鄉夫掩捕之元貞間饑疫忠貸錢穀以賑閭里而瘞其死者明年大穰里人齎錢穀酬約忠歎曰饑民近得一飽吾忍取其宿逋耶悉取券對衆焚之其孝義爲鄉邦所推

徐允讓山陰項里人元末避兵山谷父安爲兵所執

將殺之允讓前曰我父老不勝刃寧殺我丐父命兵遂捨安而殺允讓既而欲辱其妻潘潘紿兵焚夫屍因赴火死潘別有傳明初並旌之

石永壽新昌人性至孝元末兵亂父謙遜老不能行永壽負父匿山谷中兵執其父將殺之永壽前曰吾父也願代死兵遂殺永壽而釋其父　祀鄉賢

孔明允字孟逵諸暨人讀書尚志節操履清純元季兵興奉親居義山中負米爲養驩如也同邑張辰謂明允當阨窮而守益固孝益純庶幾行古之道者云

丁祥一諸暨人家貧母老行傭以養母病目無以爲藥焚香露禱每旦盥漱舐去眵暮亦如之逾三年母目復明事上旌其門邑人揚維禎爲詩贈之詩云孝子蘭刻木肖母顏木有神痛相關況我孝子有母上堂問安否母奚爲目雙瞽母瞽捫壁行行聽孝子聲孝子泣母舐母目何時仰見天日星朝舐瞽暮舐瞽一日二日百里程母瞽豁然而月明隣里來賀母如長夜再生孝子名上達天聽[redacted]祀鄉賢華表楔爲孝子旌

張觀僧字子用新昌人幼穎悟讀書知大義父患瞽不能行觀僧躬自扶持寢處必視寒煖飲食必極甘美至正中寇亂居人皆驚走骨肉不相顧觀僧謂其

姪德邦曰吾父失明若父病吾與汝家貧不暇顧救父爲急脫有不幸當以身代德邦然之乃相與各負其父逃避鷓鴣山中俄而賊至揮白刃索金欲殺之二人叩頭流血請以身代父賊感而釋之父子遂得俱全父殁廬墓三年人皆稱張孝子云

黄義貞字孟廉餘姚人篤學好脩事親以孝聞大德間徵拜傳士辭不就隱居鳳亭壽一百五歲其六世孫濟之能脩義貞之孝失慈於繼母搆於父而出之益承順無違及父母殁復廬於墓弘治中詔表其閭

明高珣山陰人農家子也性朴魯蚤孤而貧行傭以供母母卒瘞刑塘下以母生時畏靜每夕往墓所措苫薦以臥四無墻壁地沮洳多虺蛇珣不爲患歷三載不輟當冱寒時有物夜來煖珣足習爲常珣初意其爲猫或以告人人密窺之始知其爲狐也郡倅劉玉白其事於當路學士大夫多爲詩謌傳之

婁可道會稽人性孝謹父坐巫呪罪當死可道赴有司請代竟絞死五雲門外

邵廉字思廉會稽人幼孤迨六七歲便有異志能自

立已而領鄉薦授貴溪教諭迎母就養洪水驟至邑人溺死者以萬計廉倉卒抱母方呼天忽有小舟若約而赴者廉僅舷母水駛舟箭往與母相失者兩日而復會母於東山人謂廉孝感所致 祀鄉賢

沈日禎字天祺山陰人少遊鄉校以父久客河南音問遼絶自於當道將往訪而歸之時有令凡庠序諸生有稱故遠遊者例戍邊當道以是難其行日禎曰使得見吾父雖十戍不辭奮然治裝以行辛苦萬狀備歷險遠卒遇其父於逆旅奉以歸尋領鄉薦爲學

官

胡剛字惟輔新昌人生有至性洪武初其父謫役泗上以逃役當刑勑附馬都尉梅伯殷監斬時剛往省代役於待渡間聞之遂裸跳泗河而渡奔走哀訴請以身代言與淚俱情甚懇迫梅憐而奏宥其父同坐者八十二人俱免死淮人至今傳頌云　祀鄉賢

劉謙字惟恭弟謹字惟勤山陰人洪武中父謫戍於貴州之烏撒衛謙方弱冠往來戍所寧親謹年六歲並知痛其父問貴州在吾越何方家人以西南指之

輙朝夕向西南遥拜年十四泣曰余獨非人子乎遂與兄偕行是時南荒初靖道路荆棘歷六月始抵貴州所至艱辛萬狀遇父於逆旅相持號慟行道傷悲俄而父患瘋痺謙欲以身代因留奉父謹歸越攜其兄之子壃以往而壃又卒於途既而復歸悉鬻其家貲以往謙代父役謹奉父歸時家徒四壁色養愉愉計所以寧親者多方迄於壽終而謙死戍所矣有謙以殉父有謹以全父各成其孝允稱兩難

呂升字德升新昌人宋孝子蒙之後家貧好讀書毋

徐先卒父迨九十升竭力奉養飲食起居不離左右父年益高便溺不節升無間晨夕躬自抱持就溺不使涴床褥若保嬰兒然如是者凡十年父以百歲卒洪武初應孝弟力田詔授江陰主簿辭不就　祀鄉賢

吳希汴字克素新昌人性柔順事父宗信務得其懽心洪武初民斷指者法戍邊宗信以疾失將指之半里長將捕之希汴憂形於色會有善接指者人弗之信希汴獨心喜乃截右足小指接父將指彼此血出淋漓月餘瘡愈指果續已而瘡復潰斷指如故希汴

[illegible]
籲天誠禱復截左足小指接如前洪血交氣貫一指
宛然如生鄉里驚異以爲孝感所致
宋味古者會稽宋家店氓也亦能詩當建文帝避位
時味古每於夜深疊桌從星月下北向以祭祭已且
慟哭如是者月餘爲讐家所告遂逮捕其子某請代
味古乃得釋人謂忠臣孝子萃於一門云
趙紳字以行諸暨人父秩工詩文精篆籀永樂時任
高郵州學正入京舟次武城偶墮水紳即入水抱持

河流悍悉俱不能出明日官爲出其屍尚以手持父臂不解事聞旌其門祀鄉賢

俞正儀上虞百官里人永樂中母病革百藥不治或云取所作羹可療正儀深信之設齋壇於舍旁焚香然燭稽首再拜祝刀於天割右脇破僅二寸許取肝剖之廣半寸長三倍調羹而進母飲甘之觀者環堵或賛之孝或謂之痴人遂呼爲俞三痴母病稍退逾旬終卒孝子亦無恙舊志云按宋黃章取肝救母吳祥取肝救父眞西山謂非聖經所尚然其孝心誠切可嘉邑人俞繪有傳見井天集近時山陰備夫任友試亦有割肝救父之事

求漁求澧嵊人未訿時父戍貴州瀕行屬其母必令二子力學爲名儒旣長母告之輒相對感泣自是苦志窮經史以及百家小說靡不涉獵卒以文學有聲於時事母至孝兄弟相友愛澧事兄如嚴父老而不衰鄉黨稱之

喻祿孫字希武嵊人事嫡母至孝母死結廬墓旁晨夕哭奠冬夜虎入廬號泣呼母虎遂避去西溪張冑爲之傳

袁徵諸暨人母陳病篤徵憂苦不食夜禱於北辰封

股肉以進病遂愈時方春庭桂吐華鳩巢於室

周廷瑞字應麟山陰人少有孝行一日他出忽心動馳歸父疾正劇廷瑞侍湯藥晝夜不就寢至嘗父穢鄉閭誦之正統間父奉檄當爲兵之閩討鄧茂七廷瑞悲號請代有司憐而更之已而力學領鄉薦聞父計哀慟幾絕喪終以母老不忍離遂絕意仕進母歿廬於墓有白兎出其側後年七十一而卒有司先後旌異之

杜凄上虞人年七歲念父遠遊不歸旦夕思慕及摠

髮從婚甫彌月求母模父貌徒步訪尋至雲南金齒驛遇其父奉事未幾父卒扶櫬以歸倚新昌梁州同渡鄱陽湖風浪大作舟將覆漂跪禱號泣淚頓息乃克歸塋事母徐雖處窮約務得其懽心母歿廬墓三年人稱爲眞孝子

章蕣字希盛新昌人三歲喪母即悲啼不食既長事繼母如事所生父感風疾痛痒異常蕣爬搔撫摩終夜弗寐如是者十數年父將卒謂族人曰蕣眞孝子也願其子孫克似之既而居父喪哀毁具至督學鄭

瓊造廬存問載之學記以勵諸生

何競字邦直蕭山人父舜賓舉成化己丑進士爲御史坐事謫戍慶遠後以赦歸會當塗鄒魯亦以御史謫蕭山令性鷙悍無所顧忌舜賓嘗有小忤魯銜之詭言舜賓赦歸無驗械送戍所屬解者屛其食飲侵辱之至餘干夜掩殺於昌國寺又欲捕及競競逃匿蘇州父友王參政鼎家痛憤迫切終夜不寢嚙臂以誓復讐久之魯遷山西僉事競乃潛歸募死士數十人扼之於途窘辱萬狀抉其雙目縛送憲司累奏於

朝兩遣官鞫訊坐脅死以兢復讐之孝止擬徒朝議
以唐梁悅例編戍福寧正德改元赦還閩志紀其孝
曰復讐編戍云
俞孜字景脩山陰人補邑庠生嘉靖初其父華以里
役解流徒徐鐸赴口外防範過嚴鐸銜之投毒於羹
華一夕暴死都下孜聞訃號慟往扶襯歸殯誓必報
讐時讐巳脫走徒跣根跡歷數十郡聞巳歸越匿其
甥安城楊參一家乃結力士數人佯為賣魚者往來
偵伺迄亡所獲乃卜諸城隍得渙之三益悲痛欲死

是夜夢神語之曰若以漁爲不祥獨未知一與卽在目前乎孜驚寤詰旦請郡乞助郡守南大吉壯之益以機兵夜半至安城驟入楊氏呼徐鐸鐸應聲就繫卒寘極典孜遂不復應舉養繼母以老鄉里學校間共稱爲復讐俞孝子郡守湯紹恩表其閭其子志和亦以儒行重於鄉

朱泰會稽邑庠生也卅貧力學母病瘓不能起泰與妻吳氏日飯麤糲布褐常不完而母之服饌極軟好母性頗暴吳常跪受箠撻已輙起進飲食婉娩如初

恭死無後或勸其他適輙號踊欲絕卒奉姑至歿辛苦備至聞者爲之墮淚陶文僖大臨重其孝節爲白於官捐巳俸刱祠祀之巳而詔旌其門

陸尚質世家山陰海濱之丈午村其父一中以庠生教於鄉塾隆慶巳巳秋八月七日束書渡海口風濤拍天舟東瀉將入洋質從堤上號慟躍濤中擬拉舟時觀者惶惑謂父子且並魚矣俄而舟忽逆濤上若有縴者一中遂濟質竟死濤中鄉人憐之求其尸不得且謂質死水與曹娥亡異而其父得生事尤奇乃

名其渡處曰陸郎渡知縣徐貞明上其事詔旌其門

章艮駿新昌人早喪父其祖存貞有瘋疾手足拳攣不舉駿日夜撫摩疴癢靡所不至家貧極力爲具膳羞多含伏以哺當春和輒背負出遊冀得其懽凡十歷寒暑弗輟祖年八十四而卒每對衆涕泣爲言其孝有司以順孫旌之

馬彥清字天澤會稽人母張氏手績以撫之彥清偕兄弟三人朝夕敬養旣而兄彥通以謫籍補戍遼左彥清殫力勤家潔修門戶弟彥邦充萬石長因督徵

過迫挾仇者摭愬闕廷緹騎至浙督臬司逮之甚急彥清憫弟未有子恐大傷母心乘其未繫獄詭托弟名以身往械送金陵訊漏秋糧二升寘重辟刑時東向泣拜以不得侍老母爲痛時洪武三十一年三月廿三日也後守湯紹恩手書匾額表其孝友

黄驥字德艮餘姚人副使肅之子七歲喪母晝像事之慼時悲慟見者惻然奉繼母亦以孝聞父病徬徨嘗糞及其歿也造墳不資人力躬自負土丙舍成雙鵲巢其梁上有自然野犬爲之巡警一夕虎啣豕置

於庭而去嘉靖十七年有司以聞表爲孝子驥初學於王守仁晚而語人曰陽明先生始所學亦未粹因從遊者衆互相劘切所以成就蓋斆學相長如是也

按其言行惜載籍不盡傳

張震餘姚農夫也其父爲人所陷將死震方周歲父齧其指告之曰某吾仇也汝勿忘報震長而指瘡不愈每患苦之母申白父言震遂以報父仇三字日誦於口其同儕有諸暨人某知之曰汝力不及吾爲汝殺其人未幾仇乘馬而出諸暨某以田器殺之莫有

知者震喜甚日走父墓所跪而告曰仇已復矣遂發
覺官府亦憐其志減死論戍震老遇赦歸死於家
徐子行上虞人正德間父文彪以徵辟輒上策忤逆
瑾論戍鎮番兄奎弟厚皆從父流沙子行家居奉事
祖母孝養備至且以勤起家每接父書自萬里外慟
絶復甦及父赦歸出其貲佐父立宗祠置義田義學
敦睦族黨賑饑恤死義聲大著年高九十有六三舉
鄉賓郡守湯紹恩特表孝義
夏千會稽東關人饒膂力負氣獨事父婉順以孝聞

東關故水窟虎忽起叢艸衆驚譟虎逸入于圃中父出見攫于吐哺急出手持竹筋連擊虎頭且擊且號口汝不脫吾父耶何敢爾虎抓其面不爲動擊愈急虎舍以去乃負父歸腸出納而紉之禱於庭曰願得父偕生否願偕死幸勿獨存父創甚猝不得善藥因攬庭前苦薺嚼傳之痛稍止俄羣獵過其門詢所以藥入視之曰嘻此卽是也和酒飲之令各沾醉數日則俱起矣有欲以其事聞于官議旌胥索賄千語人曰奈何爲今之行錢買孝子者事遂寢

袁自立山陰人崇禎間其父賈參皮島値大兵至歿於鋒鏑逾年訃聞自立奔至歿所覓父屍不得見父旅舍主指以瘞處遂掘地心疑他骨混之乃齧指血逐骨加滴見血滲焉始解衣裹骨肩負而回徒步者五千晝夜始便附舟及抵家終身不茹葷不衣帛且囑其子曰爾祖喪于異鄉我不能送歿我歿之日當握土而埋勿用棺衾初娶妻甫九載妻歿自立痛父之凶誓不再娶又四十餘年而卒

高朗會稽庠生父岱崇禎庚午舉人父以甲申遘變

絕食將死朗前而拜曰父素教兒忠孝國亡子無臣家亦不可無子遂奔嚮偁江兒澄出而追之且曰予長子當隨父死汝次子當養母生朗厲聲曰死而隨父易貧而養母難吾必爲其易言畢躍入波濤死

張中宋新昌令珣之後賦性誠孝弱冠博通經史得父歡心當明末山寇出掠婦子避地遠鄉中以父年踰八旬喜家居身獨奉之一日寇震鄰父聞而驚惶欲絕中負父二十里遁入西山知父意安之遂以一身供饘粥不藉僮僕力逾數年先父而卒妻俞氏代

其夫終養里人稱其雙孝

黄濟之字世美餘姚人二歲母喪失懽於繼母秋穫時輒使之露守濟之衝虎而往不敢違父當從軍陜西力請代役已與盜遇自陳情款盜不忍害父母歿廬墓有白鳩之祥弘治中奉詔旌

陳士俊字顯明山陰人少孤事母潘色養備至生平不翹人過雖橫逆至亦和顏而解昆弟親黨終身無間言數奇不偶力行善事專心課子可畏成進士雖屢遷秩惟庭訓是凜封士俊如其官 祀鄉賢

孟大綬字浩予會稽人性孝友刲股愈母疾又好施予凡鬻妻子者每爲代償病革以孝友囑其子道純道純時甫十歲涕泣受遺命及長事大父母悉如先志歷官秦粵有聲譽家居賑貧恤寡建義阡脩橋路督撫屢旌其門終年八十有五子學思孫士模士楷皆以明經授官人以爲孝義之報云

陳弘先字士任山陰人八歲能文九歲補諸生上林有小秀才之名生事死哀宗黨有眞孝子之目以女聘完弟姻其友愛尤人所難甲申聞冦變憂憤而卒

姚希唐字德欽會稽人以禮部儒士授崇明主簿有能名以終養歸希唐性至孝父世聞疾親爲嘗溲父歿精心以事母希唐中年喪偶有子二人俱幼方謀繼室請之母母恐虐待二孫不應希唐卽焚香誓天不再娶後謝事乃設榻於母臥側朝夕伺起居察寒燠無跬步離遇朔望整衣冠立堂下奉母南向坐率子孫羅拜於前怡怡如也子三人孫九人應嘉會嘉最知名

姚士鍔字芝嶼會稽人國學生父應嘉以忤璫致禍

代父繫獄妻范死不歸決按使旌其廬

金機字仲星會稽諸生太常蘭仲子甫五歲母歿擗踊如成人禮洎父貴機痛母不及見語及輒流涕終身孺慕人咸稱之子烱諸生熤順治戊戌進士有文名除郯城知縣

王觀昉字子初山陰人官錦衣鎮撫父應遴甲申殉節觀昉覓父遇賊酷刑雙足俱潰匍匐負父歸殮間關數千里居家與兄弟觀鼎觀巘觀晌輩日訓子姓以忠孝之言子國英會稽諸生

張廸祥蕭山人明徵士訓懌子幼多病刻苦讀書舉止悉循矩矱一生最恥爲僞君子凡宗戚冠婚喪祭咸取法焉晚年侍徵士依依猶嬰兒狀與王大元諸人友善至老不衰張氏世稱忠厚而廸祥尤篤于孝友卒年七十有九子諸生崇文續脩蕭山志

張自偉上虞諸生寇殺偉父鳴鳳偉遍覓之不得大慟幾絶訴諸神夜夢曰汝父首在南池始獲殮偉誓父仇必報踰年賊赴縣投誠偉遇之舉利刃刺中賊喉守道沈奬勵之

婁越凡諸暨人爲山寇所殺子墨林痛父被殺持戈以鬪鬪殺三人賊衆環攻墨林其弟永叔翼兄以受刃父子兄弟同時俱被害族人收三人屍越凡顏色不變墨林兩目如注永叔尚俯墨林背墨林聘朱未娶聞訃卒咸謂夊義夊孝夊弟夊節盡出一門云邑人朱念敬爲之立傳

余應福字芝廷會稽人性醇厚鄉黨推重母病籲天祈禱封股和藥以進疾遂愈子孫俱以文學孝謹世其家

姚弘山陰人魏大登及子萬象陶永椿及子一輿、桌
雙僑陳二官並會稽人俱以孝稱
皇清胡拱軫山陰人年四十父母壽並八旬奉養最
孝忽夜火發拱軫起救方負母出火愈熾仍入救父
棟折樓傾身與父同盡次早得其屍猶以身蔽父體
手護父面膠固不解巡按御史具題建坊
陳泰交字日章上虞人父堯仁生五子泰交其長也
惟事力田順治初山寇出沒父被掠繫山拷令輸財
泰交急往願代父繫賊并加拷逼父泣云我以一身

死可矣汝何又入網乎泰交乘夜歸鬻家產不足以身質人得所直向賊哀告賊釋其父後力耕積有貲產盡讓諸弟曰吾當再以勤蓄之里人述其孝友

竺王姐嵊人竺思聖義子康熙庚戌春里中患虎思聖爲虎所齧有從兄思文往救死之王姐奔赴與虎緊抱同浸水塘中尋脫走負父屍歸力乏而死

義行

漢陳囂山陰人與紀伯爲隣伯竊囂藩地以自益囂不較益徙地與之伯慙悔歸所侵地囂辭不受遂爲

大路鴻嘉中太守周君刻石旌之號曰義里吳虞翻嘗稱其漁則化盜居則讓隣慼侵退藩遂成義里今俗稱讓簷街云祀鄉賢

戴就字景成上虞人仕郡倉曹掾揚州刺史歐陽參奏太守成公浮贓罪遣部從事薛安收就於錢塘獄幽囚考掠五毒參至就慷慨直辭顏色不變主者窮竭慘酷無復餘方至臥就覆船下以馬通薰之一夜二日皆謂已死發船視之就方張眼駡曰何不益火而使滅絕主者以白安安呼見就謂曰太守罪穢狼

籍受命考實君何故以骨肉拒扞邪就攄地答言太守剖符大臣當以死報國卿雖銜命固宜申斷寃毒奈何誣枉忠良强相掠理令臣謗其君子證其父就考死之日當自於天如蒙生全亦手刄相裂安奇其壯節即解械表釋郡事浮徵還京師後太守劉寵舉就孝廉病卒祀鄉賢

孟英上虞人爲郡决曹掾三世死義

三國郃疇字溫伯山陰人爲郡功曹孫皓時太守郭誕以不白妖言被收退遽無以自明疇進曰疇今在

明府何憂遂詰吏上疇辭皓怒猶盛疇恐誕卒不免遂自殺以證之臨亡置辭曰疇生長邊陲不閑教道得以門蔭廁身本郡逾越儕類位極朝右不能贊揚盛化養之以福令妖訛橫興于國亂紀疇以噂沓之語本非事實雖家誦人詠不足有慮天下重器而匹夫橫議疾其醜聲不忍聞見欲含垢藏疾不彰之翰筆鎮躁歸靜使之自息愚心勤勤每執斯旨故誕屈其所是默以見從此之爲愆實由於疇謹不敢逃死歸罪有司唯乞天鑒特垂清察吏收疇喪得辭以聞

誕遂獲免皓嘉嘻節義詔郡縣圖形廟堂

晉 孔衹字承祖車騎將軍愉之弟也太守周禮命爲功曹史禮旣爲沈充所害故人賓吏莫敢近者衹冒及號哭親行殯禮送喪還義興時人義之

卓恕字公行上虞人爲人篤信義然諾不苟與人期約雖暴風疾雨無有不至嘗從建業還會稽太傅諸葛恪問何時當復來恕期以某日至期恪與主人停飲食以須恕至時賓客會者皆以爲會稽建業相去千里道阻江湖風波難必豈得如期須臾恕至一座

皆驚見會稽典錄

南北朝嚴世期山陰人性好施同里張邁等三人妻各產子歲饑欲不舉世期分贍其乏三子並得成長同縣俞陽妻莊年九十女蘭七十並老病無所依世期贍之二十年死並殯瘞宗人嚴弘鄉人潘伯等十五人歲侵莩死世期並爲棺殮撫其孤宋元嘉四年詔旌其門復其身蠲租稅十年

魏溫仁上虞人齊僕射徐孝嗣爲東昏侯所殺故人莫敢收視獨溫仁奔赴以私財營其喪當時稱之

〔宋〕裘尚晉義熙中自婺州徙居會稽之雲門世勤耕桑習絃誦越五代至宋踰六百年無異爨大中祥符四年州縣以聞詔旌其門蠲其課調是時裘氏義居已十九世矣其族長曰承詢或曰可[illegible]至嘉泰初又五六世蓋二十四五世矣猶如故聚族日繁嘗有餽瓜者族長集小兒十三歲以下百餘令自取各相推遜以長幼持去其習爲廉遜如此至和中李待制兌有詩云夫何於會稽卓然有裘氏同居六百年相聚三千指昔賢欽義方列奏聞天子恩詔表門閭光華暎梓

里
吕次姚餘姚人建義學于邑東北隅禮致名儒湛若
爲師遠近就學者嘗數百人次姚曰儲之紹興乙亥
次姚之裔仲應重建屋五十間贍學田五百畝有奇
上虞李孝先記之碑刻剥不可讀仲應隨爲監運使
陳升字仲德餘姚人少孤迨長敏于智術其財遂裕
周貧息訟事難枚舉縣令汪思溫患制書無樓以謹
其藏又縣治臨江障以民居頗失江山之勝乃以二
事委升升倡率鄉人出錢數千緡倡樓又築承宣亭

先是宣和間睦寇猖獗浙東奸細起于外應邑尉計所以守禦者升敷陳利害嚴控扼要而賊分三道至梟其首餘黨悉奔潰府帥劉延康欲論列于朝力辭建炎三年金兵至浙有秉間剽掠者出財募鄉勇發勁弩藥矢斃之他鄉所俘子女皆遺粮遣兵護其安撫傳龍圖奏聞進武副尉仍廕其子廷俊一資

厲德斯餘姚人妹爲侍郎曹詠妻詠以秦檜之客出爲鄉郡鄉里奔走承迎惟恐後德斯漠如也會德斯爲里正詠諷邑令脅治百端冀其祈已未嘗屈檜死

乃致書于詠啓封乃樹倒猢猻散賦也比詠貶新州
又以下詩贈行其一　云斷尾雄鷄不畏犧憑依擬禍
復何疑八千里路新州瘴歸骨中原是幾時詠得詩
憤嘆而已
沈堯孚字子賢餘姚人生而警敏頗涉羣書然明法
習吏事遂以貲爲鹾使王吏掾居嘗嘆曰吾豈藉刀
筆齷齪自汚爲耶無何都運以墨敗而掾果以廉顯
上官莫不悚然異之繼轉運爲閩楊公至令不用常
掾禮見也其取重如此同舍某被逮甚棘堯孚旣巳

百計脫之某自分無可報而陰使其妻夕焉堯孚驚起趨戶外叱曰吾以義脫君而君以不義汚我何也君視堯孚爲何等耶遽引避去終身未嘗洩其事謁選高等授溧陽丞潔已奉公一如其掾時而興利去害綽有餘能天性孝友昆季五人當析箸謬爲不解而一取其瘠者及諸昆季中益衰薄無不振廩同食群從子弟悉授室成立之里有緩急各厭其意而去或生平徼惠少不愜輒凌轢詬誶若弗聞也者後以孫應文貴累贈大理卿

劉承詔唐襄公德威之後德威五世孫愉因避黄巢亂自河南徙居越之上虞至承詔十世義居聚族四百餘人内外無間言和氣致祥下及犬彘一犬不至衆犬不食號孝義劉家熙寧中趙抃帥越嘉之聞于朝詔旌其門免其徭役以寵異之抃爲作義門記

石賀新昌人太平興國中初立縣治建邑庠民大擾賀以家貲代其費鄉人德之

吳孜會稽人嘗從胡安定學名聞嘉祐治平間會郡

諶建學孜即捨宅爲基今學中祀孜祠存焉初學成太守張伯玉至以便服坐堂上孜鳴鼓行學規伯玉欣然受其罰王十朋題其祠云右軍宅化空王寺秘監家爲羽士宮惟有先生舊池館春風歸在杏壇中祀鄉賢

孫椿年字永叔餘姚人剛特博達於學無所不窺居鄉以孝友見推置義莊食親族之貧者歲饑輒出粟以賑又嘗助貲築堤捍海及卒無親踈皆痛惜之子之宏孫林象先曾孫嶸叟相繼舉進士嶸叟自有傳

陳祖字惠卿新昌人生紹定間居僊桂鄉之平壺少孤事母至孝善治生敦睦宗黨嫁其孤女數人貫貧平羅邑人德之嘗創義塾延名師以淑鄉之後進凡饔膳薪水僮僕咸具歲費錢萬緡弗少恡士由以登庸者後先不絕同舍題名石至今存焉祖沒從孫雷克繼其志創桂山東塾而以祖所建名西塾張即之爲館賓榜曰洞門無鎖鑰有客不妨來由是遠近來學者日衆門墻冠蓋相望而兩塾之名聞四方矣又嘗置義田義役義倉義井義阡義局以賙鄉黨邑

人至今談陳氏事有墮淚者雷字震亨以恩補登仕郎凡三辟皆不就卒祀學宮云祀鄉賢

石公轍字道叟新昌人爲人重交敦義初遊太學同舍生朱彛行寢疾無親黨公轍爲謁醫治療既不起家人聞訃方徬徨不知所爲而公轍已送柩在門矣時舟行冒暑目眚幾失明忽夢彛行如平生曰目眚奈何有爾朱先生藥如神覺而異之至京口有言爾朱先生者公轍因與訪求得藥百餘貼皆細如芥子公轍旦夕服之目遂如初登紹興二年特奏狀元後

年八十手自校書燈下作蠅頭細楷人謂其報云

徐端臣字正卿蕭山人幼有異禀日記萬言事祖父母以孝聞值歲饑輒出粟平價以濟貧之創社倉餙學祠療病以藥賻死以棺行宜遐邇浙東提舉朱熹行部至縣特造其門後以子爵恩補宣義郎致仕卒年八十三贈銀青榮祿大夫寧國郡公賜觀額曰慶孝免田百畝奉祀

顧彦成蕭山人父沂登進士仕終光祿大夫彦成以蔭補官歷兩浙運使以書堂爲學基田三十六頃爲

學田中書舍人薛昂誌其墓

姚景崇字唐英嵊人開慶中建義塾延師設教英俊多遊其門

吳作禮字起之諸暨人開禧間有寇掠鄉民勢甚張作禮與兄弟議爲防禦計因積薪備酒饌賊至迎勞飲食之乃闔戶焚其廬無得脫者事聞拜保義郎

黃振字仲驤諸暨人輕財好施嘗建一樓隆寒盛暑必登之以望村墅有日中未舉炊者往遺之米寒無告者遺之衣其妻劉亦斥奩槖置義莊以歲入濟族

黨之不能婚葬者鄉人德之名其樓曰望烟莊曰仁壽振後以子貴贈衛尉少卿劉封仁壽夫人子孫代有顯者

黄汝楫字巨濟振元孫也家故饒而好義宣和間方臘犯境汝楫瘞其貨寶於室將出奔忽賊黨執白旗來楫且拜驚視之乃舊僕也曰吾主掠士女千餘閉室中索金帛否者且殺之汝楫曰我所藏直數萬緡願以贖衆命遂悉發所瘞輦輸賊營千餘人皆得歸歡聲如雷一日夢金甲神謂曰上帝有勑以子活人

多賜五子科第紹興中汝楫爲浦江令其子開閎閣
聞閎果相繼登科高宗賜詩有昔日燕山竇今朝浣
水黄之句祀鄉賢見一統

吳自然字義甫餘姚人家富好義德祐元年歲饑發
廩賑鄉里部使者爲立高誼坊元至大初歲又大饑
自然子埏復助有司賑給州上其事中書旌其居曰
積世好義之門

王英孫字才翁會稽人博通經史歷官將作監簿辭
歸值越中大饑發私廩以賑全活甚衆道上有棄孩

賑收恤之又喜延致四方賢士日以賦詠爲樂若謝翱鄭樸翁林景熙唐珏輩皆慕其義與之友所著有

脩竹集

唐珏字玉潛山陰人家貧聚徒授經以養其母歲戊寅總江南浮屠楊璉眞伽發宋諸陵攫其寶玉珏聞之不勝痛憤亟貨家貲及執劵行貸得百餘金乃具酒邀里中少年與飲酒且酣少年起請曰君儒者若是將何爲珏慘然具以告衆謝曰諾一少年曰事露柰何珏曰余固籌之矣要當易以他骨乃具木櫃絹

櫜各畧其表曰某陵某陵分委散遣收遺骸瘞蘭亭山中樹冬青樹其上以識越七日髡賊下陵裒陵骨雜置牛馬枯骼中築一塔壓之名曰鎮南杭民悲悽不忍仰視了不知陵骨之猶存也未幾髡賊被誅珏事乃稍稍傳播義聲震吳越云祀鄉賢詳見攢陵下

〔元〕邵文澤會稽人至正末盜起率義兵保護鄉井有功拜昆山州判官

董彥光新昌人至正間盜馮輔卿作亂陷新昌彥光集義兵屯境上明日盜擁衆而西遇隘彥光與弟舜

傳子谷彪廷輔挺劍直前衆翼以從擒輔卿斬之俘其黨數千人授武畧將軍僉元帥府事子弟三人俱授官

趙孟冶山陰人家世業儒尚義皇慶中捐田三頃爲學田又捐田三頃入義廪給鄉人無以婚塟者事聞有詔旌之孟冶子由鍾行義有父風丁未歲大饑設粥于道所活餓莩甚衆由鍾子宜浩以進士起家

陳志寧弟嵩之諸暨人兄弟友善事母以孝嘗割田一千畝山五千餘畝造屋三百餘楹爲義莊義塾聚

族里之貧者養之未知學者教之事聞旌爲義門

方鑑諸暨人讀書負氣自豪好脩行誼嘗割田千畝山若地有差取歲入贍其族之貧者建義塾禮聘名士黃叔英項炯吳萊輩主教事造就學者一時儁彥雲集宋濂鄭深亦嘗來訪云

宣元字子初諸暨人性敦龐志脩潔與剡人商舜華善舜華遊西州以銀一緘寄元家歲餘舜華客死元弔於其家因以金還其子其子初無知者

黃新諸暨人汝楫六世孫也性倜儻好義祖遺義莊

閲廢已久新盡購復之以賙族人歲侵鄉人持券物來質粟不較其直而與之所居當婺越之衝爲飲食以待困乏者年七十餘盡出所質文券約三萬緡悉焚之衆皆感泣

明丁美字文彦諸暨人兄進洪武初遘誣被逮美度兄懦且訥必不免白于官請代行進曰事在我汝何預焉進方欲往美已赴逮所矣竟編之徒官以死同時有黄彦輔者其從兄彦實坐誣州司追遣將行彦輔慨然就械以往而其事卒白鄉人皆義之而於美

之死尤加悼惜焉

竺瓚嵊人性孝友其家同居已四世戸大而多産瓚每以身任繁役從兄璟坐繫將傳送法司瓚走白於官犯律者我非兄也官乃繫瓚而釋璟瓚竟卒于獄史官宋元僖爲之傳

徐恩山陰人與允讓同系家貧不甚知書而孝友出天性與兄文刈薪項里嶺日未午一虎從叢篠中出噬文牙貫肩項恩急顧得一木棓趨擊虎數十下持不可奪則躡文足自後撑之虎乃釋文走恩度必復

來於是曳文首前向立跨屍以待且大呼曰天乎吾於虎何讐虎殺吾兄天尚相與殺此虎復兄讐少選虎迂行負上勢奔突而下恩側身承勢横扼而擠之虎輙失足旁逸若是者凡數四鄰族聞者或匿林薄間呼恩棄屍自脱恩厲聲曰汝能助助我不能毋撓我今日斷無棄兄理我不與虎俱生矣虎欲施不得復奔突如前垂至則人立不動亦若出奇設疑意在乘間以逞者恩直前批之適中其鼻虎創甚始卻步徐行而去然猶數回視焉旣而救者咸至共舁尸以

歸恩力竭病累月死方恩病時人有以義士譽之者恩愴然涕曰吾恨力止此不能磔此虎以祭吾兄吾乃以是得衆人譽吾獨何心哉邑大夫蕭鳴鳳傳其事而爲之贊

何兆三山陰馬塢里人弟出採薪虎突至銜其首兆三呼號奔救以篠擊虎虎遽舍之去弟乃得生兄弟爲樵十餘年稍有所儲兆三曰我老矣當爲弟娶以延宗祀若有子即吾子也於是弟遂娶生子而弟死弟婦悍不能奉事其伯兆三不免凍餓亦無悔云

秦初字性初山陰人卓有行誼居太學時同舍生以使命出妻死無主初爲之經紀喪事甚周有金安者除後山衛經歷當之任貧無以治裝初脫所乘驢資遣之徒步出入永樂中舉進士官翰林檢討

丁能山陰錢清舟人也嘗夜載衆賈至東關詰旦衆散去遺金一囊能艤舟候賈還而返之久不至攜歸明日將復往婦阻之能曰我豈不欲財耶物固有分彼辛苦營之而卒然失去悔且喪身吾何安終往候得金主感謝欲酬以半堅拒不受

高宗浙字叔胥山陰人讀書好禮積而能散嘗捐山七十畝爲義阡給櫬以瘞貧者里有衣纓之裔盜其牛或以其人告輙諱而隱之不忍汚其世正統庚申歲大饑糴旁郡米七百斛歸給鄉人全活甚衆明年饑又出私廩助公貸後二年又饑亦如之時同邑吳淵周端並出粟千石助賑有司上其事詔遣行人廖恂賫勑旌之三氏子孫至今繁衍昌大爲山陰世家

周用彰嵊人元提舉承祖之孫家業頗殷爲人和厚好善率長子澤榮輩施藥以濟貧病煮粥以食獄囚

夏則施茶冬則建橋造船爲萬石長無一毫苟取鄉里皆義之後子孫若山等多登科第

夏叔㑽嵊人天順初客越城中飲於酒肆時旁坐客被酒忘其囊去㑽獲囊視之約五十金疾追其人弗及明日仍俟於其處失金者呌號而來遂挈以畀之覯者莫不歎賞久之㑽夢老人抱孩與之既而得子雷領鄉薦

周廷澤字舜龍山陰人富而好施每歲饑輙捐粟作糜粥以賑或病死則爲義棺義塚以瘞之鄉人有厚

負其租者攜其子鬻於市廷澤聞之遂焚其劵又嘗
捐金爲錢清石橋凡九洞工費甚鉅往來至今賴之
其後四子禎礽祚禪及其孫浩相繼舉進士致通顯
人以爲行義之報祚尤長於文學有周氏集爲詞家
所稱卒祀學宮云
朱導字顯文山陰人弘治己酉領鄉薦仕終通江令
力敦孝友以義方訓其子弟二子簠簋及從子節登
並取科第爲顯官而雍雍和睦長幼內外無間言居
鄉儉朴非公事不入城府山陰稱孝義之族者必曰

白洋朱氏云

趙誠字一誠上虞人娶同邑杜氏生子而杜卒誠年才二十七族之長老勸誠再娶誠謝曰不聞伯奇孝巳事乎吾旣有子可無娶矣聞者高其義景泰中應貢司訓德安同知劉英者欲妻以女誠以初意辭之鰥居五十餘年無妾媵之侍致仕年八十卒同邑鍾億當嘉靖中亦以義夫稱于鄉

胡淮字宗豫嵊人正德初遊邑庠與友人鄭軫同試貢淮得中式憐軫衰貧義不忍先竟讓之後二年復

舉貢仕終教諭所著有坦庵集

周夢秀字繼實嵊庠生也生有至禀苦志獨行孝友端介遠近無間言時有例廪生限年起貢一生年踰六十不得貢次當及夢秀夢秀曰我猶可待若不貢無後期卒推以讓之其父別駕嘗佃實性寺爲宅既數十年增飾堂構且數百金夢秀以爲非義請于父復捨爲寺而別僦數椽以居風雨不蔽無愠也他事類此既而蚤卒鄉人賢之請祀於學宫郡守蕭良榦題其墓曰高士云

黄墀陳子方皆餘姚人與陳性善友其官爵不可攷性善死建文難兩人同赴之賦詩而死墀曰爲臣直欲效全忠豈料翻成與叛同子方曰北狩緣藏青史筆南還猶是白頭公崇禎末祔食表忠祠是時有兩陳性善一餘姚人一山陰人山陰者死建文難見舊志忠節傳墀子方未録今以其官爵無考特補入此

黄璽字廷璽餘姚人兄雷出商于外踰十年不歸璽曰有兄而弗知其存亡可乎吾當出而求之生則與返死則負其骨歸鄉人曰汝不知其處徒自苦也璽掉臂出乃裂紙數百書其兄年貌籍貫所至處輒榜

之歷數千里無所遇有言其在楚者璽由湘漢泝道
州偶以入厠置傘路旁雷適過之見傘而心動曰此
吾故鄉傘式奚爲來此循其柄視之則識曰姚江黄
小雷小雷者璽之别號也疑駭未決旣而相視若夢
中慟哭失聲道路觀者亦爲泣下時雷田園妻子已
舉于道州璽留數月竟奉其兄歸

吳士驂字少愚蕭山人萬曆庚子歲大饑賑米三百
石院府並獎之其後家益饒害益積然行之不使人
知有除夜入其室者意行竊也士驂見之贈以金勸

使改行而秘其姓名雖子孫無知之者其他行事尤
難悉數惟自念素封爲善有資貧人逋負置之君忘
生平恂恂足不入公庭蕭邑人謂百年來世德第一
黄日中字鯤溟餘姚人力學敦行孝于親親稍不悅
伏地請扑有爲之解者郄之曰吾以釋怒爲喜不以
免扑爲喜及爲封官鄉邑利善毅然聞之當事口授
手畫未嘗假借一詞嘗議南糧謂是役多破家者不
如以道里費稅畝而官解之邑紳以爲貴賤均役咸
不悅日中云吾所言諸君可爲子孫計諸君能保後

世不降爲皂隸乎子尊素以御史劾閹下詔獄乃走京師入覘之逆閹使卒縛置神祠中使籍記其所與往來者日中不可乘間得脫走崇禎初贈尊素祭葬邑令弔于殯宮日中移書云郊弔禮例也明府以春秋起家尚不讀左氏傳耶邑令愧無地日中累封至太僕卿

張賢臣會稽余賁村人讀書曉大意少孤貧事母篤孝年三十遊京師遂什一者二十餘載殖千金慨然曰可以歸矣歸而敦善行貧無炊寒無襦炊無[illegible]甑

連無告者力拯之三十年無倦態山陰縣西北有湖
口猢猻縱横十里許風狂舟輙覆賢臣議以石築塘
其間使舟行塘内則避風舟不復覆矣閱七歲而塘
成所費數千金皆賢臣捐貲爲之由是塘可步步可
繂往來者感其德建祠祀焉子大全大會克紹父志
視塘稍有損輙修補人皆頌其世德云
呂天祚字大呂新昌庠生下帷篤學一步一趨咸奉
先賢矩矱以白鹿洞規顔氏家訓揭之座右日作三
省黨里灾必扶植安全而後已疾佐以藥喪助以糈

有奩田均分庶弟迄晚年寥落益勵清操一日向隣人貸筐篋中有遺金數十兩亟詣而還之失者不知所自久之始知爲家人私藏也天祚以壽卒

曹同德字同野上虞人事祖盡孝與兄侄相友愛尤好義不侵然諾虞邑官塘圯數百丈積雨則淹連水際同德捐貲甃以石悉成坦道行人頌義遇歲歉作糜廣賑全活無算一門父子兄弟舉鄉飲大賓者四邑令表其閭曰世德

呂興道字藏虛祖籍新昌徙居山陰生而英敏能讀

書以父病瘓不敢頊刻離遂謝舉子業朝夕養親以悅其志居鄉公平率物遠近咸取正焉叔父無嗣則贍之鄰里有急則周之造石梁於橫山荷湖以渡涉長子市麻苕溪舟人匿貨將鬻子媳以償令貸而勿校歸終對其子云予先時曾爲族弟某代書借券鮮其紛今以予槖中金代償可完吾志一時咸頌爲長者子廷雲康熙己酉舉人

韓振强字養和蕭山人禀性孝友兄所居湫溢鄰于同族欲以價購增一二楹族且紿而困之幾成大釁

振强寄以多金贈族爲兄全居不使兄知甃墖徃錢塘取桑忽道拾遺金坐候兩日得覔金者還之又入錢塘歸甃已餧死似愈欣然人皆服其德祀鄉賢

呂天章字以成新昌廩生篤志古文辭諸所著述皆灑灑成大家尤敦于行族黨中多藉以舉火孤無婚貧無葬者助之不遺餘力他如建奎步塔營西渡橋謂承祖父遺訓竭蹶行之生平所置產均分庶弟更以祖居讓焉及由歲薦任古田簿嘗攝篆緩征革羨民頌其德

任振龍字羽禎蕭山人長者榮之裔孫力追祖風一人有夙負欲鬻其妻振龍遽止之負者曰吾非獨爲汝也乃大有人在再贈之多金以全其室每歲除夕設松盆取貧人券焚之曰勿留此恐他日縈吾方寸耳卒時家業已匱猶諄諄以清白訓後子辰旦進士

鄔恩武字望隆餘姚人性朴而孝祖母疾晨夕奉養衣不解帶者匝歲將客台郡母曰台州魚鱅鮍最嘉汝歸可携之至台卽使人遺母母已長齋及歸懸魚依然而骨則加鯁矣遂流涕終身不食鱅鮍一日朝

涉得遺囊待至日中有兩人號呼至曰金四百二十貸自宦家以爲商本失則命與俱盡恩武還之不問姓名旅次夜失火朦朧中人授以一篋爲藏之黎明有哭者云一家生命全在篋中倉卒間不知授之何人恩武曰吾昨受一篋得非君物耶發之黃白爛然其人願有以相報恩武不顧去之客赤城有同邑三人逆旅被盜疑邸主因苦究之邸主且求死隣人曰鄔望隆其人長者昨過此未遠盍往正之邸主行以告恩武奔其處察邸主非爲盜者令三人投牒于

官不半月盜獲邸主曰吾非斯人之言死矣後以子
景從舉進士封行人而卒
顧大觀字君達會稽人徙居武林甫髫齔父客粤死
乃走萬里扶襯水歷險道颶作隣舟俱覆大觀仰天
號慟風輒止舟子以爲孝童力自是人稱爲顧孝童
事親脩極色養晝出必告或夜醉歸必就榻問起居
取所懷菓餌置枕側去與弟友愛年六十猶怡怡如
幼時宗黨無親疎遇貧輒加賑䘏至有嫠而能守孤
而無依者廪之終身崇禎末兵潰京戶所掠子女流

離道上見之贖還其家歲饑捐貲賑救有粟儲會稽村人剽食之及得主名曰彼直療饑耳不與較壯時入國學後應除掾幕不就子彖文進士爲御史封如其官耄而卒

張景華售明經病且篤語其妻曰吾逝矣家溫食厚而不永年先世簪纓其何賴焉後人敦善行庶幾慰吾泉壤妻董氏誌其言有貧不能殮者給以棺且廣義塚修圮路焚貸劵及贖難民妻殫力行之歲饑屬其子陞鬻產得所直賑米五百石全活萬餘人

王毓蓍字元趾會稽人師事劉蕺山爲郡諸生聞南北告變蓍狂走號呼無有應者遂草致命篇及詩榜于宋衛士唐琦廟肅衣冠赴泮水水涸乃東赴柳橋自沈死留書上蕺山曰蓍已得死所願先生早自決毋爲王炎午所弔時六月廿二日也蕺山餓巳十日矣嗚呼人誰無死而蓍獨早死讀致命詞有曰古稱五死孰似捐軀赴義之可樂壽止百年保無疾病水火之殺人唯玆圜橋璧水之中正是明倫授命之地鬼如不厲爲訪三閒之踪魂果有靈當效伍胥之怒

然則著之死義也其人殆聞道者與宜蕺山見其書嘆曰吾講學十五年僅得此人著死後有布衣潘集者爲文以祭私謚稱正義越四日集亦死

潘集字子翔會稽人集面晳而潤嗜酒爲文頃刻千言邑令林逢春司理陳子龍兩試俱第二學使者以文太奇不録集淡如也與王毓蓍同事蕺山又好遊歷天目苕溪諸勝幾亍返居以王父母仲父並死遵化豐潤玉田之變三走薊不得歸骸骨抱恨終身爲南北變後聞諸生王毓蓍沈椰橋死大慟操文祭告

旋書一紙几上曰昔年東渡今復渡東水與月俱白吾骨亦不黑出五雲門渡東橋袖石沉死時六月二十六日也次日出之手持一箑畫松于上自題有石方爲米無松不是潘幾于握拳透爪也年二十八噫當蓍之死也致命終篇有同志不孤敬相招于冥土集之誓死祭告也有時乎不再須教歷歷分明命也何如此事多多益善由今以思蓍與集真所謂二人同心視死如歸者矣所著有葩經解詩文二卷同人私謚義成無子董瑒等爲立嗣名思忠鐻葬山陰鴻

漸里謝墅官山嶴併其本生母合窆之爲置祀田錢塘金道隱堡有夙節諸人議以不膺官爵者爲首稱集殆其人歟後十有三日又有布衣夙者周卜年傳曰炯傳天籟楊雪門俱諸生死倪文徵朱瑋亦布衣夙所云同志不孤多多益善也

高岱字魯瞻會稽瀝海所人幼而孤兄早歿家無儋石以教讀奉母菽水及其嫂侄崇禎朝以武生例舉庚午順天鄉薦公車累不得志所資惟硯田聞變恨不得爲百夫長與寇决生死居無何呼其子訣曰吾

世受國恩國亡與亡義也遂輿櫬于堂沐浴更衣自
絕其食或語之曰爾未嘗有豫讓之知何必死答云
此身若僅酬知巳民義天經誰與撐持初猶飲清水
旬餘不得死心疑水中有參液并絕水又五日卒子
朗會稽諸生因父絕食奔偁江赴水死見孝行
傳日炯字中黃諸暨諸生幼孤事毋以孝聞師事劉
蕺山自期爲古人甲申寇變日炯哭別于毋願自殉
毋許之遂赴湄池江而死
葉汝蒞字衡生紹興衛人崇禎庚午舉于鄉官兵部

主事後居桐塢山墓所聞變與妻王氏同赴水死王被救次日復死之踰年改葬顏色如生

周十年字定夫山陰人少工古文詩歌行諸體郡諸生沈夢錦延之家塾錦舉趙甸王毓蓍董瑒俱知名士與之交甚洽也後聞變賦五歌見志書自古皆有死民無信不立二語于坐几是爲絕筆檢所著詩文詣友人不遇日午父覔之急道旁人曰頃一衣葛者徃龜山之北哭甚哀父隨跡之至海岸見石壓其遺文知蹈海死招魂泣曰兒死于義得從王潘諸君子

後幸矣顧屍隨潮下不可得父子情深傷如之何鬼若厲明當返死所詰朝里人俱往怒濤横海雪捲山立屍隨之上冠履未失也負之歸時人情駭散顧安所得棺而閉之乃藁埜村南上沙一片地嗚呼古人云狐死猶能正首丘虆梩而掩庸何傷年三十六

倪文徵字舜平山陰人居恒訓蒙自給兼通醫術性頗狂人或憎之避居勞家塢墓側旦起市酒餚飲里中諸年少求辦一事而衆不知也有諾之者相隨至墓所命掘坎自瘞衆駭欲散徵恚甚曰此何事可誤

我乎或尼之曰死義也今某某俱不死汝小醫何自
苦徵曰人各行其志惟諸公玉予于成也旁一人曰
才侵膚恐不可贈二盎置一坎中坐其內前樹木揭
自題五湖有恨逍遥客四海無家浪蕩天覆其盎旋
命啓之衆疑欲出徵曰吾入時身向未正爾因語人
吾死毋令兵至復命掩覆泥固其罅衆環坐竊聽呼
之輒應徵聞其聲踰三時寂如也死未浹旬衆傳兵
及僅焉衣帶水一人曰倪先生靈宜無恙已而果然
無子每遇寒食里人爲掃墓焉蕭山來蕃記其軼事

朱瑋字鴻儒山陰人積學數奇屢艱童子試嘗誦孝經歎曰人生百年全在立身毋徒事帖括甲申避家梅里尖墓所六月兵潰人皆竄伏瑋痛哭不已或勸之曰此日生全歸之謂何乃書絕命詞于几上潛往礁石躍水死家人遍覓見遺語始知其赴難也屍購兩日不可得一舟過驚起浮水面已而再沈直立不仆人爭異之爲立碑死所稱朱義士云年甫二十四此則最年少者也噫甲申後士之瀕死者多矣孰是以義死者乃其死諸生者五死布衣者四何後先輝

眏如此哉且古來義死者衆唯彼厇棺如倪布衣死者則又前無千古矣郡人合祠于渡東橋之右布衣董垣慟哭三日自沉橋下死初殯祠側遷葬棲鳧自王正義以後諸君子一時奇節載之義行以俟論定

韓大能字敬南山陰人早失怙事母極孝兄弟最友愛戊子歲煑粥賑飢兼製綿衣分給掩骼施棺久而勿倦建義學以教育成童明知某負德置勿與校及子祖靳屢立戰功諄諄以戢兵惠民爲誡贈驃騎將軍三學公舉祀鄉賢云

皇清周方藕字君謨山陰人性至孝偶因事外出父病作聞之疾馳連晝夜時當六月酷暑汗徹于項及釋冠而髻脫遇兄弟產巳鬻者贖之歸仍推讓有所逋負累數千金代償之族侄黃門洪謨以劾魏璫被譴攜眷數人質貿無投止方藕獨掃室留之後黃門諸子語人輒垂涕曰斯時狼狽極矣依依款曲切情同患覘張範謝幾卿誼有加焉生平明瞻過人陟險逾壯歷仕燕齊吳楚定變寧民著有聲績家居歲歉籍饑人口治粥頒之或給以米死喪者出山地一片

塋之祖廷澤嘗捐造錢清石橋久而將圮居人患之
方藕曰此吾爲子孫者事罄貲新之教家一以忠孝
接人以和田夫莽監相對輒流連不去卒之後郡人
高其風義　祀鄉賢

沈懋庸字季平山陰人六合令綰之季子賦性誠孝
甫五歲值母疾卒哀毀骨立儼如成人弱冠補諸生
讀書務舉大義不沾沾章句之末旋入成均有聲士
林爲宗伯姜逢元倩逢元勸之仕懋庸辭曰吾志不
在軒冕砥行飭躬脩德以貽後人足矣親黨中有貧

不克婚葬者有負逋將鬻妻者悉委曲以恤之崇禎

辛已郡大饑鬻產賑濟存活甚衆時疫癘頻仍施捨

醫藥棺槻無德色居恒教子唯以崇品行敦實學爲

第一義子亂范康熙丁未進士典試〔河〕南闈彭定求出

其門以覃恩贈𣡵肅如其官次子華范郡諸生有文

望士林推服孫五桌辛酉舉人

胡明憲字澄宇山陰人卜居會稽幼頴異喜讀書性

孝友善事父母事無巨細必禀命後行終其身不變

與兄弟不析爨者數世及兩兄相繼逝世視嫂如母

撫其孤如巳出後以子貴封戸部郎處之恬然不以
貴氣驕人凡一切干謁之事悉為屏絶年八十七而
卒配李金吾雙泉女父罹不測氏效緹縈故事伏闕
申救及于歸明憲相夫御下未嘗以貧苦攖情其課
子嚴督勿少加顏色脱簪珥以敬禮師傅子輩成名
皆李之訓也子三長昇猷順治丁亥進士康熙甲寅
備兵閩南甫任遭吳逆變抗志不屈備歷艱險忠節
僉勁及漢中大定遷四川按察司癸亥入覲
朝廷面詢峻拒逆賊受難情事垂念孤忠特　旨內

陞京堂次昇俊貢生候選同知鄉黨以孝友稱季昇
轉康熙辛酉舉人
謝祖悌字友恭會稽人歷官廣東副使少有奇志讀
書好古孝友成性居官聽斷一準於理吏書莫敢骫
法培士氣鋤豪强興利除弊民風丕變一時稱爲清
白吏維陽芝城間鑴石立祠有甘棠之頌以勤勞卒
于官繼配蔣年十七歸祖悌事舅姑以孝聞祖悌病
劇刲股籲天祈代終不克挽祖悌卒旣殯室無餘鏹
因脫簪珥扶翁柩及夫櫬南旋葬畢毁容自守撫前

子如已出飲氷茹蘗苦節益堅鄉黨咸稱之

周維屏字自求蕭山人倜儻負意氣淹通經史事親以孝交友以誠鄉有患疫者輙親湯藥殯殮乙酉吳越絕渡錢塘張吳諸姓避居給饔飧寒暑一年無懈容患江塘衝决維屏曰此吾邑大利害也命長男之冕躬督脩葺十餘年竟無水患次子之麟登進士歷宮詹學士贈如其官　祀鄉賢

張陛字登子山陰人文恭元忭之曾孫爲諸生時庚辰歲大饑斗米四錢莩者載道陛請于母董鬻巳產

數百餘畝得米三千餘石徧給窮黎全活者數萬餘人撫軍黄廉其實請于朝建坊旌之額曰孝義流芳後以貢入南雍授内閣撰文中書兼翰林侍書覆封父母如其官乙酉春大兵南下銓部以冊進特授陛鎮江推官鎮江爲南北孔道事甚繁劇陛甫下車力清積弊豪強爲之屏跡有金沙湖寇跳梁大將軍欲屠城陛於烈日之下跪求竟日願以身爲撫循而群盗悉平戊子聞母病遂告歸里日工詩古文有百名家行世康熙甲寅耿逆變隨征入閩署延平同知又

署邵武府事以招撫許志遠陳龍等功加秩有差時
地當初定陞掩枯骼贖難婦均徭役建津梁多方安
輯竟以勞瘁卒于官柩歸士民擁道泣送陳情當事
入祀名宦子錆亦以隨征功授縣令敘功加秩其父
所遺產悉授諸弟而父事力爲肩任又奉閩督姚啓
聖委修三江閘西江塘尤稱勤慎輿論稱之
余立政字華南山陰人賑貧乏施棺櫬好行善事事
親以孝聞子維繼志述事始終罔間普施博濟年踰
古稀而志益堅無論黃童白叟莫不目爲仁人長者

長孫泰徵髫年補諸生癸卯拔貢考選州同次孫泰
來右文望康熙壬戌會試第三人選庶吉士
羅美齡字松齒會稽人年十九游京師以國學積分
貢授睢寧令有治河功清豪右兼併免貧民徭又
督東河船政秩然有紀歸里治產與諸弟共之以考
友稱于鄉黨間子京官中書封父如其官再遷同知
有異政人皆德之兆考授理問淮巳酉舉人駿考授
縣令淇武殿試第一人皆美齡之善教其子也
嚴尚權字弜行山陰人少倜儻有奇氣讀書會意輒

欣然忘食長遊燕趙間慨然有澄清之志制府楊鶴
聞名羅致禮之上客以軍功授武階三品非其好也
順治間土寇竊發有守道州者本儒生不勝其任尚
權爲謀戰守之策土寇突至卒同州守與于難子鋐
鏻銘錦或仕或隱人以德望重之孫之琰之璋之琦
文章品行翩翩佳士也

吳拱宸山陰人賦性孝友遇人患難必力救之年近
百齡子應龍年七十餘孝謹不衰子孫以能文稱

魏國選字蘭渚會稽人事母孝以將材授官因元聘

不奪志抱鬱而卒閨選誓不更娶終身不染袵席友
人石之貞爲之營葬立碑題其墓曰義士塚
魯元錫字晉侯會稽人崇禎丙子武舉事毋至孝毋
病危篤祝天願代毋病即愈甲申爲賊所執立志不
屈賊亦釋之值水旱餓莩載道元錫鬻產賑救全活
無算課子讀書不遺餘力子超任中書再遷松江知
府封元錫如其官 祀鄉賢
朱達字道行會稽人系出紫陽後父諸生大圭多隱
德達出爲伯父華初後生有異徵甫三歲能辨章句

九歲即能舉經史大綱十七歲稔知三韓旺氣所鍾
因就督餉使者慕轉輸經畫達之功居多焉初授豐
城尉聞父訃凶爲人後或勸奪情達曰忍以五斗米
遽忘劬勞恩耶遂解任歸繼父華初卒于長沙宦邸
達匍匐奔喪歸葬繼而達叔乾初亦卒于任二子幼
穉扶櫬歸背身任之撫孤膳孀俱極眞摯至丁毋艱
茹荼號泣終身不減孺慕感里中聞有吉凶大故不
惜傾囊以助名公巨卿咸稱道之子七人長培明經
知縣戊午舉博學宏辭御試詩賦坻出繼伯後瓊山

知縣均平遷知縣塌國子監典簿一時以爲人材之
盛云

陳善言字唯忠新昌人幼喪母事父以孝聞兼有還
遺金之隱德云

林貞儒字文源上虞人承懽順志嗜古樂善人以孝
義稱之以上兩人舊志所載見遺錄補

錢元宰字六徵山陰人幼穎異喜讀書以太學生授
蘄州倅蘄故衝疲甫下車値檜惠瑞三藩就封同次
蘄境剋期治行殿握別聚兄弟懽州守倉皇解組去

而丞慕又逗留他事不返元宰乃諭父老以不獲已故遂躬入山伐竹不旬日而殿廡宮寢俱脩竹外衣以雜繒繪龍鳳錦繡狀三藩胥接時相顧色喜交口稱其賢旋因親老棄官歸里以色養終其天年迨服闋後復入長安凡所遺產悉以貽弟六守而弟性豪邁所貽輒散去而元宰畧無愠色子成儀謹承父志迎叔至京一如事父治喪歸櫬尤極勞瘁焉與宛平米壽都山陰王觀昉暨陽陳洪綬爲性命交詩文墨妙亦相埒孫起會以明經任仙居教諭

姚逵字繩霄山陰人副使鵬之元孫生平嚴毅有介操爲郡諸生及門多佳士又能周恤宗黨之不給者殁後羣稱爲正肅先生長子祖振補郡諸生資性穎敏博極羣書卓有根據尤尚氣誼人以得與交游爲榮晚辟湖西學圃多有著述次子祖榮國學生孫弘仁康熙辛酉舉浙江第三人五棠弘倫皆諸生

鍾同春山陰人國學生性至孝封股愈母疾母年八十餘春年六十依依嘗如孺子兼好施與賑族之貧者又創義學以鼓後進人以孝義稱之子國臣州同

董士宗字因之會稽人僉事豫之五世孫幼習禮儀喜讀書寒暑晝夜不輟濟人不責報屢完人婚無德色雖處困約行之更力人推爲貽謀之善子英諸生善承父志大振家聲兆麟順治丁酉舉于順天有經世才名公卿皆器重之兆驥遇事敢任孫輩爲諸生者三人

俞宗斌字長卿山陰人國學生博學好古以孝義自許父弘舜疾刲股愈之家居動以禮法祭祀尤誠敬焉至贖難婦賑水旱皆竭蹶爲之子應華郡諸生

戴國宰字繼南山陰人晉安道後少失怙兄弟五人母以世儒業家落令各治生既漸裕宰先母意分給兄季以慰母心居喪哀毀瘠立歲旦對遺像痛呼父母泪如泉涌耄齡勿輟兄國士者年嗜學受徒自題讀書處曰好學正寢宰敬養如父尊禮寡嫂病中隱几間嫂杖屨聲頭伏身輒起偶嗜粉團孫製以進曰奉伯祖母平日在釜宰怒爲不誠命再製先進嫂而後食甲申三月縞素慟哭幾不欲生平居聞說遺事輒淚下其至性如此子若孫會講蕺山遺書輒日頗

力行毋空言也禔躬嚴毅小物克謹醯盐酒茶别貯供祭祀自滌器陳設手書四壁遺訓後人好施予日行利人事登記陰隲錄焚以告天嘗語人曰爲惡者經醮可釋何憚勿爲吾果自信無煩二氏年八十五自知時至幅巾布服端坐笑語片時目微瞑環視者以百計呼之三譍聲而逝子應耀讀書隱跡事親得其歡心善大書不識機械事應兆冦時隻身救父被縛欲殺有憫其孝陰釋歸以教讀終輯畐耕錄訓世孫易髙隱有詩名曾孫輩守遺訓文學世其家

魏邦德字　會縣人樂善不倦以忠厚世其家郡守旌之

沈方山陰人初任常熟丞邑饑以所儲秋粮賑之旌陞天津衛經歷撫臣劾其擅發落職歸里適太監崔琳清理兩浙塩課奸民以鹺弊陷方子諸生國珦赴闕聲父寃詔撤琳還兩浙得以安寢又鬻産賑郡之饑民及完鄉鄰之鬻妻女者人以孝義稱之

王應魁山陰人孝義好施年九十餘與弟應斗應辰友愛尤著鄉里有惠連之目巡按王□曦旌之

張國勳字鼎齊會稽人甫襁褓即失恃事父以孝稱及長有大志好觀韜畧辛丑成武進士先是大父母繼父母三喪藁葬南北國勳于數千里外奉櫬合葬事竣泣然曰今日畧盡子職矣甲寅山寇竊發國勳與當事力爲守禦又单騎招撫山寇隨部堂達恢復紫閬和石康親王優賜袍帽特疏題叙因樂清衝要属國勳城守加意安輯樂人不知有兵累歲勞瘁卒于官謂子性曰吾因王事已破家矣兒輩勉爲善皇天后土不相負也

[illegible]時[illegible]字雨若會稽人少以名節自持常曰吾祖宗積德累行子孫必有昌大其業者於是課子之心益爲勤勵子啓聖特晋少保尚書總督八閩果如其言

鍾萬傑字九如山陰人郡諸生數奇不第篤于爲善勤于課子故其子國義成進士以萊蕪令再遷兵曹典試八閩封父如其官

王光美字君實山陰人貢舉不仕居家敦孝友好施予捐田貳伯畝以贍族之貧乏者著有義田記子基培輔之皆諸生克承其志垂之永久孫諸生錫模再

捐義學田貳拾畝世傳高義時人以爲有范文正之遺風云

鍾鎬字元美山陰諸生性孝友毋沈極嚴厲鎬毋先意承志得其懽心處鄉里多義舉行之不少倦子六人琮璣諸生

田大益會稽人沈選山陰人同受業于董坦之門遂成文章道義交相勉爲善類多隱德惜早卒不見用田配馬沈配陳皆守節課子田子嘉登沈子恪諸生

紹興府志卷之五十二終